盛世中兴系列丛书

宣王中兴

周

王向辉 著

西安出版社
西安曲江出版传媒股份有限公司

图书在版编目（CIP）数据

盛世中兴·宣王中兴/王向辉著.—西安：西安出版社，2016.12（2019.2重印）
ISBN 978-7-5541-1956-3

Ⅰ.①盛… Ⅱ.①王… Ⅲ.①中国历史—西周时代—通俗读物 Ⅳ.①K209

中国版本图书馆CIP数据核字（2017）第005792号

盛世中兴系列丛书
Shengshi Zhongxing Xilie Congshu

宣　王　中　兴
Xuanwang Zhongxing

著　　者：	王向辉
出 品 人：	屈炳耀
策划编辑：	史鹏钊
责任编辑：	范婷婷　原煜媛
责任校对：	张爱林　陈　辉　张忝甜
装帧设计：	朱小涛　纸尚图文设计
责任印制：	宋丽娟
出　　版：	西安出版社
电　　话：	(029)85253740
邮政编码：	710061
发　　行：	西安曲江出版传媒股份有限公司 (西安曲江新区雁南五路1868号影视演艺大厦14层11401、11402室)
印　　刷：	三河市腾飞印务有限公司
开　　本：	880mm×1230mm　1/32
印　　张：	10.75
字　　数：	152千
版　　次：	2017年4月第1版
印　　次：	2019年2月第3次印刷
书　　号：	ISBN 978-7-5541-1956-3
定　　价：	32.00元

读者购书、书店添货或发现印装质量问题，请与本公司营销部联系、调换。
电话：(029) 68206232　68206222 (传真)

总序

中国是世界四大文明古国之一。在世界四大文明古国中，巴比伦早已消失，埃及和印度也经历了巨大的衰变，唯独中国文明长期传承、辉煌灿烂。中国文明之所以能够长期延续，主要是因为自身具有强大的修复能力，在出现衰落时能够实现"中兴"。

在数千年的历史岁月中，中国曾出现过一些"治世"或"盛世"，如"成康之治""文景之治""开元盛世"

等。这些"治世"或"盛世"都经历了一个良性发展的过程。西周的强盛在武王时期已奠定基础，经过"成康之治"达到极盛。西汉的强盛奠基于高祖时期，经文景之治，到武帝时达到顶峰。唐代的"盛世"始于贞观时期，到开元、天宝年间达到巅峰。西周前期的强盛体现了王制时代高度发达的礼乐文明。西汉的强盛为统一的、多民族的、中央集权的帝制国家的发展奠定了坚实的基础。唐代的"盛世"使中国的帝制走向了空前的繁荣。但令人遗憾的是，这些"治世"或"盛世"最终都无一例外地走向衰落。自然因素对"治世"或"盛世"的衰落虽有一定影响，但并不是主要原因。创业难，守成更难。统治者在"治世"或"盛世"中容易失去创业精神和忧患意识，贪图享乐、不思进取，导致政策失误、吏治腐败，积重难返，这往往是"治世"或"盛世"衰落的主要原因，而战争和动乱则对"治世"或"盛世"的衰落起到了加速的作用。

虽然中国古代的"治世"或"盛世"都曾出现过衰落，但好在兴衰的关键不在于天命，而在于人事。每当"治世"或"盛世"出现衰落迹象，总有一些有识之士致力于"中兴"的事业。

中兴，就是王朝衰落时的中途振兴，是国力的恢复与更高层次的发展。南宋学人王观国在其著作《学林·中兴》中对"中兴"一词有详细的解释："中兴者，在一世之间，因王道衰而有能复兴者，斯谓之中兴。"中兴可以视为力挽狂澜，是跌入低谷后的重新崛起与升华。"山重水复疑无路，柳暗花明又一村"，这种通过中兴才能得来的新境界往往让人叹为观止。

中国历史上的各个朝代，开国之君常有，而中兴之主不常有，因此所谓的中兴在历史上也并不多见。夏有少康中兴，商有武丁中兴，可惜史料阙如；东汉的光武中兴声名较响，但其实是一场重新建国；宋、明都有孝宗中兴，宋孝宗"乾淳之治"偏安一隅，明孝宗"弘治中兴"昙花一现；清代更有皇权专制社会最后一个中兴——同光中兴，但也只是在内忧外患中的回光返照，史家多所粉饰的虚假盛世。而西周宣王、西汉的昭宣、唐代的宪宗都是在大一统王朝的发展中途，因国家的政治危机而推行新改革，这三次中兴都使得国力再次飞跃，国家一度走向鼎盛繁荣。

西周的成康盛世因厉王乱政而衰落，其后出现了"宣王中兴"，《诗·大雅·烝民序》说宣王时期"任贤使能，周室中兴焉"，宣王的一系列改革使他成为春秋战国变法改制运动的先行者；西汉盛世在汉武帝晚年衰落后因昭帝和宣帝推行休养生息的重大国策、励精图治，从而出现了"昭宣中兴"的局面，对于这个时代刘向称赞道"政教明，法令行，边境安，四夷亲，单于款塞，天下殷富，百姓康乐，其治过于太宗（汉文帝）之时"，与此同时，汉人更是喊出了"明犯强汉者，虽远必诛"的时代强音；唐代的开元盛世因安史之乱走向衰落,其后在唐宪宗的奋发有为下"中外咸理,纪律再张",实现了"元和中兴"的一统大治局面,为大唐帝国续命近百年之久。

这些中国历史上的中兴,是大国走向崛起的关键。一代盛世不仅要靠一个英明君主的夙夜不懈,还要勇于修正,在经验与教训中坚持不懈。中兴的实现殊为难得,学界却少有关注,不能不说是一种遗憾。

这些"中兴"对于中国古代王朝的延续和社会的发展具有十分重要的意义。过去,学术界对"治世"或"盛世"的研究较多,但对"中兴"问题重视不够,因而社会大众对"治世"或"盛世"比较关注,而对"中兴"缺乏了解,这是中国历史观的断层和缺陷。

事实上,"中兴"也是十分重要的。当"治世"或"盛世"衰落时,古人是怎样应对的,他们采取了哪些措施,收到了怎样的效果,有什么经验和教训?诸如这些问题,都值得我们进行深入思考。

西安曲江出版传媒股份有限公司推出的这套中国古代"中兴"书系，包括《宣王中兴》《昭宣中兴》《元和中兴》三部著作，比较系统地论述了中国古代的"中兴"大事。这套书从文明史观出发，用现代视角考察古代"中兴"问题，娓娓道来，如数家珍。尽管作者的学术背景各不相同，但图书风格基本一致，都做到了图文并茂、通俗易懂，相信广大读者可以轻松阅读，并有所感悟。历史的通俗表达，需要一大批这样的书籍。利用多种平台的宣传推广，这个系列是个好的开端与尝试。

"九天阊阖开宫殿，万国衣冠拜冕旒"，周秦汉唐盛世虽然已经走远，但文脉犹存，雄风烈烈。众所周知，西安这座世界古都承载着周秦汉唐的衣冠文物，渗透着周秦汉唐盛世开放、包容、自信的民族血液，中华文化的道统在西安，寻找中华民族的文化自信要从这座城市启程。要实现中华民族的伟大复兴，从历史上的中兴时期寻找历史经验和教训，无疑是有重要意义的大事情。

是为序。

王双怀

（历史学专家，陕西师范大学教授，武则天研究会会长）

2016 年 11 月 16 日

第三章 共和岁月

第一节 处于忧患 047

第二节 共伯其人 049

第四章 革故鼎新 067

第一节 少年天子 069

第二节 推行新政 081

目录

第一章 周虽旧邦,其命维新

第一节 文谟武烈 ... 001

第二节 南征西游 ... 005

第三节 守成之君 ... 011

第二章 道路以目

第一节 防民之口 ... 022

第二节 厉王革典 ... 035

第七章 封邦建国

第一节　申国崛起　211
第二节　筑城强齐　214
第三节　委任韩侯　220
第四节　桓公建郑　224
第五节　中兴气象　228

第八章 废长立幼

第一节　鲁国之变　241
第二节　宣王集权　244

250

第五章 经略西北

第一节 整军备战 … 153

第二节 北伐猃狁 … 159

第六章 南征楚淮

第一节 方叔征楚 … 183

第二节 威服淮夷 … 185

第三节 四夷宾服 … 188

第四节 以戎制戎 … 201

第十一章　千年蛇妖 ... 291

　第一节　千年蛇妖 ... 293

　第二节　幽王失国 ... 304

第十二章 ... 311

余论 ... 321

后记

第九章 千亩之战

第一节 王师败绩 ... 255

第二节 世风日下 ... 257

第十章 杜伯之死

第一节 杜伯之死 ... 273

第二节 宣王驾崩 ... 275

第一章

周虽旧邦 其命维新

周王朝是一个伟大的时代，存续时间近八百年（按照夏商周断代工程给出的时间坐标——武王伐纣是前1046年——计算，包括西周王朝的275年和东周王朝的515年）之久。周是中国历史上延续时间最长的王朝，托名周初大谋臣姜子牙的神秘学著作《乾坤万年歌》曾赞道："而今天下一统周，礼乐文章八百秋。"一个政权能绵延八百年，不能不说是伟大的奇迹！

西周号称是谦谦君子的国度，孔子说"郁郁乎文哉，吾从周"，这位老人毕生以恢复周礼为人生追求；西汉末年的王莽更是把西周视为完美时代的典范；唐代的武则天也将自己废唐自立的国家名号定为"周"，其后还有后周等政权，不一而足。周无疑是中国人理想社会的巨型图腾，周礼更成为中国人礼乐文明的重要载体，《周易》更是取

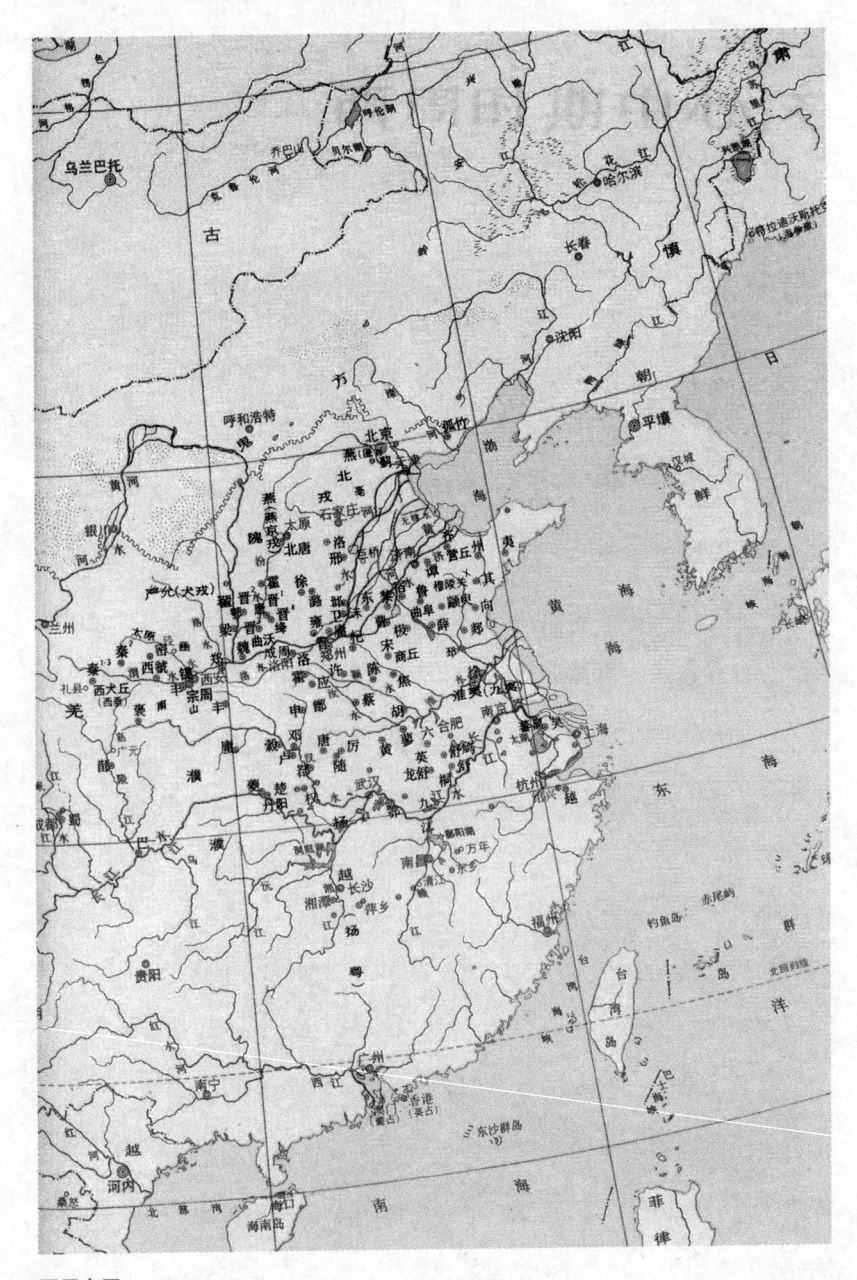

西周全图

之不尽用之不竭的文化宝藏，吸引着无数人去这个神秘的国度、这个伟大的时代探险，寻找中华文化的精神根脉。

第一节　文谟武烈

众所周知，商朝末年，周文王为西伯，选贤任能，致力经营发展，在其晚年的时候周已经"三分天下有其二"，由此开始筹划兼并天下的大计。《大雅·文王有声》唱诵"文王受命，有此武功"，可见周人是把文王当作建国大业的奠基人的。

及至武王秉承遗志，锐意进取，经八百诸侯会孟津，伐纣剪商，终于以血流漂杵的牧野战役，攻

周文王像

入商都朝歌，以小邦周倾覆大殷商，一举而得天下，实现了文武革命的改朝换代。《尚书》在总结周人这段波澜壮阔的建国史时情不自禁地感叹说：

丕显哉，文王谟！丕承哉，武王烈！佑启我后人，咸以正无缺。

这段话说成现代语言就是：多么辉煌啊，文王的谋略！后继有人啊，武王的功业！愿先王的功绩引导后人，都能正确完美没有缺憾。

《周颂·武》则记述："於皇武王，无竞维烈。允文文王，克开厥后。嗣武受之，胜殷遏刘，耆定尔功。"

这是讲文王为子孙开创了万代基业，而武王继承文王之志，最终克殷成就一统功业。

公元前1046年，周武王率军伐商，进至商国都城朝歌南郊之牧野，纣王发大军相抗。

周武王像

周师大将军吕望（姜尚）领先锋武士发动冲锋，殷军前部倒戈而自攻其后，武王大军乘机掩杀追击。纣王大败逃回朝歌，登鹿台自焚而死，殷商灭亡。

也许是革命风暴太过猛烈，姬发呕心沥血、鞠躬尽瘁的缘故，在取得灭商大战胜利之后很快就撒手人寰，把这个新生的王朝丢给了尚在襁褓的儿子姬诵，也就是周成王。

姬诵是个可爱的孩童，从著名的"桐叶封弟"的故事可以看出周成王初登基时尚保持的天真烂漫。

如今的山西省在西周时期是传说中古王唐尧的统治中心，西周在建国后实行"封邦建国、拱卫王室"的制度。武王在临死时深谋远虑，确立了西京、东京的二都体制：西京就是长安，当时叫镐京；东京则是武王在天下之中选定的洛邑，也就是今天的洛阳附近。东、西京之间就是所谓的千里王畿，受周天子直接统治，周王室对其他地方的管理则采取分封功臣、亲族、历史上古王之后的办法，由此形成了星罗棋布、众星捧月的政治局面。

其中的山西南部地区最初封为唐，后来改称晋，始封唐叔虞，就是成王姬诵的亲弟弟。

007

虽然一个贵为天子、一个高为亲王,但毕竟年岁尚小,因此在一起玩耍游戏时童言无忌,姬诵从地上捡起一片叶子给叔虞,装模作样地说:"小弟,这个赐给你吧!"

这片梧桐树叶长得非常像圭,此事正好被随侍在天子身边的史官看在眼里,一句戏言一下成为政治问题。

圭是远古时代帝王举行祭祀天地等隆重典礼时手上持握的一种礼器,上圆下方,象征着天圆地方。自古天子无戏言,成王虽然幼小,但所说的话也是金科玉律。

摄政王周公是个旷古圣人。他问成王:"大王你要分封叔虞吗?"成王说:"你听谁说的,怎么会呢?那是我跟弟弟闹着玩的。"周公认真地回应:"天子无戏言啊!"

于是成王在周公的帮助下选择良辰吉日,把弟弟叔虞正式封为唐国的诸侯,也就是唐叔虞。唐叔虞死后,他的儿子燮继位。因为唐国境内有晋水,便改国号为"晋"。晋是西周重要的诸侯国,也是春秋时代最主要的中原文明载体,从晋文公开始有所谓"九世霸业",其势力范围主要就是今日的山西。

成王虽然天真烂漫,但在叔叔周公这位大贤人的辅佐之下，成功平定武庚的三监叛乱，稳定了新王朝的时局。成王为政，对内推行周公倡导的"明德慎罚"主张，务从节俭；对外则不断攻伐淮夷，以刚柔并济的手段，有效控制了东方少数民族地区。成王致力于辟土服远，实现了多民族的和谐发展，其在位期间更大规模地建设了东都洛邑，支持周公制礼作乐，从而实现了西周礼乐政治的基本肇造。

成王的儿子康王在位期间，依照他父亲时的旧制，在西北多次打击鬼方，延续了西周初年的太平盛世。"成康之际，天下安宁，刑措四十余年不用"，从而出现了我国历史上最早的一段治世。

《周颂·执竞》说"自彼成康，奄有四方，斤斤其

周公辅成王

宗周、成周附近

西周成周、宗周附近

明",成康的怀柔天下不仅见于文献,也有金文材料证明。陕西扶风杨家村出土的逨盘记述成康时代"方逖不享,用奠四国万邦,……(康王)方怀不廷",可见二王是相当有作为的周天子。

其后的昭王和穆王时期是西周王朝和谐发展与危机萌芽的时代,似乎如狄更斯在《双城记》中描述的那样:

这是最好的时代,这是最坏的时代;这是智慧的时代,这是愚蠢的时代;这是信仰的时期,这是怀疑的时期;这是光明的季节,这是黑暗的季节;这是希望之春,这是失望之冬。

第二节 南征西游

唐兰先生曾言:"昭穆两代应该是西周文化最发达的时代,拿封建社会来比较,昭穆时代是相当于汉代的汉武帝、唐代的唐明皇和清代的乾隆,都是由极盛到衰落的转变时期。"

昭王南征与穆王西游堪称西周中叶的"双姝"，影响深远。

周康王去世之后，姬瑕即位，是为赫赫有名的周昭王。金文中昭王常被写作"邵王"。昭王在位时期虽然继续开疆拓土，但"王道微缺"，中央的权威受到了地方诸侯的挑战。

东夷是西周时期对东方各族的泛称。西周初年，这些方国部落对周王朝若即若离。周公东征三监之乱，一度让周的疆域达到今山东境内，但淮夷、徐夷却阳奉阴违。周昭王遂兴师问罪，先向东夷进兵，东夷各部望风披靡。至周昭王伐楚时，东夷、南夷先后有26个邦国前来觐见天子，表示归顺。

东夷之战加强了周王朝对东南地区的控制，促使周昭王政治上鼎盛时期的到来。

但这位有为天子结局却不甚美妙，晋代的皇甫谧在《帝王世纪》中称："昭王德衰，南征，济于汉，船人恶之，以胶船进王。王御船至中流，胶液船解，王及祭公俱没于水中而崩。其右辛游靡长臂且多力，游振得王，周人讳之。"这就是历史上著名的"昭王南征而不复"。

周昭王南征楚国，最终命丧汉江。征伐楚国的失败，是这位周天子为西周历史讳言的主要缘故。

楚国是南方芈姓大国。周成王十九年（前1024年），楚国先祖熊绎被封为楚子，封地在楚蛮之地。楚子曾经负责为周王室看守火燎、供奉周天子祭祀时用以缩酒的苞茅。在周昭王时期，楚国蓬勃发展，占据地域广大，且是铜的主产地。在先秦，铜作为极其重要的战略资源，在政治、经济、战争等方方面面都有着广泛用途。西周时期的楚国虽然人数众多，分布广泛，但始终没有形成一个强大统一的政治实体，只是一些分散的部族联合，这种情形下的楚国正是周昭王南下征伐的最好对象。

根据《竹书纪年》的记载，昭王伐楚主要有两次：

第一次在周昭王十六年（前980年），周昭王"伐楚，涉汉，遇大兕"。学界一般认为此次战争是周昭王率军渡过汉水，深入到荆楚一带，渡汉水时曾遇见"大兕"（犀牛），其很可能是后世所说的麒麟的原型，因此被视为军旅大事的吉兆。

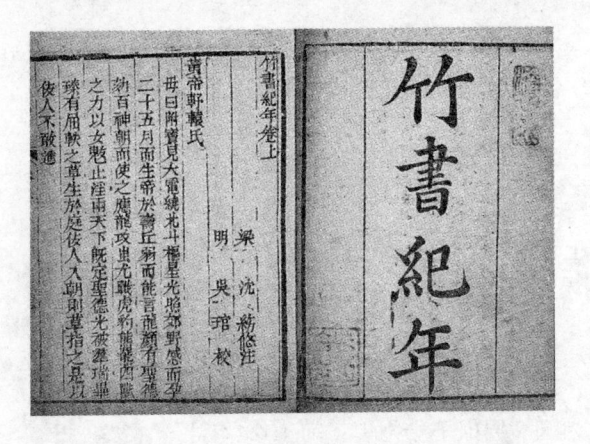

《竹书纪年》

第二次是周昭王十九年（前977年），周昭王派祭公、辛伯攻伐楚国，当时"天大曀，雉兔皆震，丧六师于汉"。这可能是周军在渡汉水时阴风骤起，天气恶劣，甚至可能发生了地震，使得将士惊恐，大军在南方之地损失惨重。

据笔者考证，昭王二次南征的路线为：成周（洛阳）→上侯（偃师）→方（叶县）→唐（唐河县）→邓（襄樊）→曾（随州）→寒（孝感）→汉中州（汉水）→湘（湘江）。

周昭王十九年，昭王率大臣祭公等，以戍卫镐京的西六师再攻楚荆。开始时十分顺利，周军从唐国出发，经过厉国、曾国向南推进。为了壮大声势，昭王还派出使臣到长江中游的大小邦国争取支持。昭王本人则率师沿江而上，直抵夔国（今湖北秭归）边境。

陕西扶风出土的墙盘上的铭文记载："弘鲁召（昭）

王,广笞荆楚,唯狩南行。"说的就是这次征伐战事。

然而当昭王大军回师汉水时,出现了奇异天象——"夜有五色光贯紫微",结果周军六师覆灭,周昭王也命丧于此。

墙盘

可靠文献中关于周昭王的政治功业记载很少,但他的南巡不返却屡被提及。《吕氏春秋·音初》说:"周昭王亲将征荆,辛余靡长且多力,为王右。还反涉汉,梁败,王及祭公抎于汉中。"

所谓"梁败",是指汉江之上的桥梁倒塌。按照这种说法,周昭王死于"豆腐渣工程"——汉江桥梁的垮塌。

当时犀牛(大兕)产于云梦泽,汉江是鳄鱼(鼍)横行的地方。周师遭遇梁败后昭王跌落汉江,惊扰鳄鱼,周天子不幸命丧鳄鱼口。

昭王楚地遇难影响深远,以致春秋初年的齐桓公称霸伐楚,管仲曾以"尔贡苞茅不入,王祭不共,无以缩酒,寡人是征。昭王南征而不复，寡人是问"作为伐楚的外交辞令。

总体来说，昭王的两次南征在周初对经营南国具有不可低估的意义，是西周军事力量同南国诸邦的第一次正面交锋。如果说周初的周公东征是为了稳固新生政权被动而战的话，那么周昭王的两次南征则是主动出击的扩张战争。与后世那些碌碌无为、只知享乐的君主相比，昭王无疑是一位具有雄才大略的君王。在其短暂统治的十九年间，王朝的疆土得到了拓展。疆土的扩大和铜矿资源的攫取必将极大地提高贵族自身的生活水平，推进王朝政治、经济整体发展水平的提升。尽管第二次南征的结果不仅"丧六师于汉"，而且昭王也因此殒命，但这一切并不意味着南征是失败的。昭王的两次南征在王朝早期南国经营史上具有划时代的意义，它为西周早期的扩张史画上了一个并不太圆满的句号，同时也宣告了西周早期扩张时代的终结。

周军失败、昭王客死异乡是西周建国以来最严重的一次挫折，西周国势也因此大受影响。这也是楚国强大到足以与周王朝抗衡的一个标志。后来楚国成为春秋五霸之一，得以雄踞南方，在春秋时期楚庄王更敢于问鼎周疆。

也许是因为身死异乡，周昭王崩后没有向诸侯告丧，宗室诸侯拥立周昭王长子姬满继位，是为周穆王。与昭王热衷于南征不同，穆王则把目光放到了祖国的西部边疆。

这位周穆王大概是《西游记》故事的肇造者，也是中国西北地区的最早拓荒者。

穆王是西周诸王中在位时间最长的天子，在位达55年之久，《史记》记载"穆王即位，春秋已五十矣"，如果此说可信，则周穆王可能活了105岁，是典型的高寿帝王。但从出土的周穆王时期青铜器的纪年上并未发现40年以上

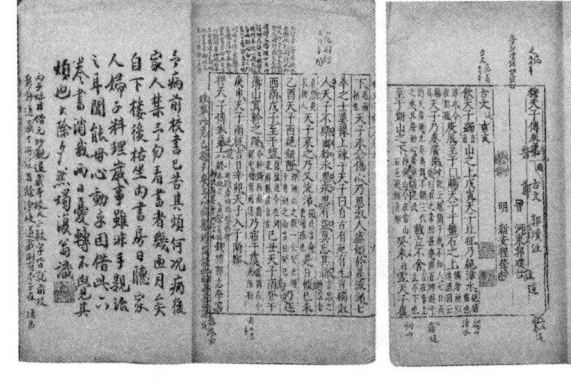

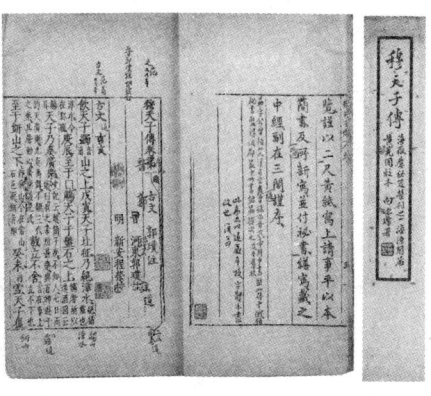

《穆天子传》

的纪年，因此穆王的年龄尚不能确定。但可以肯定的是，在周穆王的励精图治下，天下再度安宁，基本保持了成康盛世的大致光景。

《国语·周语》记载，周王朝西方边远地带的犬戎属于周的"荒服"范围，此前要向周天子进贡方物特产。周穆王十二年（前965年），因为犬戎没有及时进贡，周穆王遂对犬戎御驾亲征。大臣祭公谋父在廷议时劝阻穆王，主张实行文王时"耀德不观兵"的怀柔政策，即以政治手段使得犬戎臣服，但穆王决意西征。穆王十二年春，他西征犬戎而归。

由于史料缺乏，这次战争的历史已然模糊。从战果来看，此次战争的军事胜利算不得辉煌，仅仅"得四白狼、四白鹿以归"。由于穆王对边疆少数民族采取高压的军事征服政策，自然导致诸侯心生不满。

《史记·周本纪》谓之"自始荒服者不至"，边远国家从此不再到西京朝见周穆王，周王朝在周边外族中逐渐失去了权威。边夷不朝还加剧了周王室内部的矛盾。穆王不以为意，继续重整军旅二次讨伐西戎，"广获其五王"，并把征服的戎人迁到太原（今甘肃镇原一带）。

两征犬戎、平定西土后，穆王坚持西进战略。传说周穆王当时有八匹骏马，可日行三万里。周军由于兵强马壮，一时所向无敌，更进军到昆仑之丘，这段历史被记录在《穆天子传》中。《穆天子传》多被当今学者视为小说家言，如依其文则有中西交流的最早一段史诗：

周穆王十四年（前963年），西极之国（中亚地区）有化人（魔术师）来见，能入水火、贯金石，变化多端，穆王为其所惑，遂西游。途中得能工巧匠偃师，制木偶人肖似真人，能和乐拍歌舞，穆王携其同归宗周。

周穆王十七年（前960年），充满传奇色彩的西王母入周朝见，穆王以宾相待，赐西王母居于昭宫。

周穆王与西王母的关系更是充满神奇色彩，因此广为历代文人雅士所歌颂。如李商隐的《瑶池》诗曰："瑶池阿母绮窗开，黄竹歌声动地哀。八骏日行三万里，穆王何事不重来。"

学者们甚至按照《穆天子传》故事中所说的里程，推测西王母之国应在西亚或欧洲地区。但在1992年中日两国关于《穆天子传》的学术研讨会上,更严肃的学者则主张,中国秦以前的"里"只等于今77米左右。因此,西王母之国应在今甘肃、新疆一带,西王母国当以西宁、兰州为前庭,以新疆为后庭,中心地区在今日的甘肃敦煌、酒泉一带。

小说《盗墓笔记》中的西王母形象邪恶恐怖,且拥有让人起死回生的超凡法力,其灵感也是来自于《穆天子传》。

《穆天子传》为战国时期所作,内容多不真实,但也反映了当时西周与西北各方国部落往来的斑驳史影,透露出中原与西域进行交流的最早的文化信息。

周穆王继承了父亲昭王的遗志,继续在东南开疆拓土,如逨盘铭文就说:"邵(昭)王穆王盗政(征)四方,搏伐楚荆。"

徐国在商代就是淮夷大国,周初曾跟随武庚发动叛乱,周公二次东征后,徐国还是虚与委蛇。穆王时期,徐国崛起,对抗周天子。据《史记·周本纪》和《后汉书·东夷列传》载:徐国国君徐子自称徐偃王,率九夷淮夷诸部侵扰宗周，穆王便联合楚国攻徐。攻破徐国之后，穆王封他的儿子嬴宝宗到彭城为徐子，管理徐国。

平定徐乱后，穆王挥军东进，兵盛之时曾经抵达九江。

通过巡游征伐，周穆王使东南许多方国和部落归顺于周的统治，对周王朝的发展具有重要的战略意义。在南征取得成就后，穆王仿照夏王大禹的旧典，在涂山（今安徽怀远东南）会盟诸侯，巩固了周在东南地区的威权统治。

在国内政治建设上，穆王注意化解阶级矛盾。他任命大臣伯臩向朝廷官员重申执政规范，并发布《臩命》；又用吕侯（亦作甫侯）为司寇，命作《吕刑》，告四方，以正天下。《吕刑》堪称中国最早的法律文本，详细规定了墨、劓、膑、宫、大辟五刑，其细则更达3000条之多。

周穆王时期天下安宁，四海归一，史墙盘铭文赞叹说："丕显穆王，刑帅宇诲……"

周代史官笔下的穆王满是一个充满智慧又能统御四方、威震宇内的君王。这一点也是后来社会的共识。

伍子胥的祖父、春秋时期楚大夫伍举在劝说楚国国君时，就把周穆王与商汤、周武王、齐桓公、晋文公等一批雄主明君相提并论；管仲劝谏齐桓公时曾经提及周穆王效法文王、武王的治国理念，取得功绩而成就美名。由此可见周穆王在西周诸王中的特殊尊隆地位。

周穆王在位期间虽然东征西讨，使王朝疆土不断扩大，有力地巩固了周王朝的统治，但也因常年武功，天子不在朝堂，导致朝政松弛。《左传·昭公十三年》就批评他说："昔穆王欲肆其心，周行天下，将皆必有车辙马迹焉。"《列子·周穆王》更讥刺穆王"不恤国事，不乐臣妾，肆意远游"。这是站在穆王喜欢游猎的立场发出的历史沉思，从此也可窥见穆王这位周天子特立独行的精神气质。

第三节 守成之君

穆王之后的周共王，少了穆王的雄心壮志，但还算有所作为。

共王名繄扈，又作恭王，是穆王的儿子，青铜器铭文多称他为"龚王",据可靠推测周共王在位时间约在公元前922年至公元前900年间。

当时西周因周穆王大事频频而财政空虚,出现经济危机。周共王不得不将都城附近的土地陆续分封给诸侯和大夫以固其心,这种施恩也使周王廷直接支配的土地越来越少,王室收入锐减。

周共王曾出游到泾水边,其时密国国君密康公跟随周共王出游,恰逢有三位美丽的女子来投奔密康公,密康公的母亲告诫密康公:"你要把美女献给天子。野兽够三只就叫'群',人够三个就叫'众',美女够三人叫'粲'。天子在田猎时,不敢猎取成群的兽;诸侯出行时,对众人也要谦虚恭敬;周天子婚嫁也不敢一次娶同胞三姐妹。投奔你的这三个妙龄女子都很美艳,这么多女人一下子都入你帐幕,你有什么德行能承受得起呢?天子尚且承受不起,更何况你这样的小角色呢?小人物拥有宝贝,是不祥之兆。"可惜忠言逆耳,密康公为美色所迷,并没有听从母亲的劝告献出那三位美女给周共王。共王四年,共王派兵灭亡了密国。

《国语》说:"周恭王能庇昭、穆之阙而为恭。"

皇甫谧《帝王世纪》也夸奖说:"恭王能庇昭、穆之阙,故《春秋》称之。"

随之即位的周懿王姬囏是个无为天子,安于现状,浑噩度日。

懿王生性懦弱,继位后西周的政治日趋腐败,国势走向衰落。

《史记》记载,懿王时期有人写诗讽刺周天子。其实早在周昭王、周穆王时,在繁荣的表象下已经潜藏着盛极而衰的颓势。周懿王显然缺乏政治智慧和卓越才华,不能够挽狂澜于既倒,使周重振雄风,而只能浑浑噩噩地做一个守成之君。懿王虽然政治上无大作为,但还是有幸赶上了好时候。

《古本竹书纪年》记载:"懿王元年,天再旦于郑。"周懿王元年,在西周时的南郑地区(今陕西华县一带),一天之内接连出现两次天亮的奇异天象。实际上所谓"天再旦"就是日食。我国天文工作者通过数据测算得知,公元前899年4月21日晨,我国陕西境内曾发生过一次日全食。当时的西周诸侯国郑国位于今陕西华县，恰好可以观测这次日食，于是，当时的人们便把这一奇异天象记录了下来。由此确定了公元前899年为懿王元年。

周懿王元年的异象对中国的年代学测定有着重要的作用，这个时间坐标让这位平庸天子得以为后人铭记。可惜的是，当时的周人并不知道日食是一种自然天象，无为而治的周懿王更把它和不祥之兆联系起来。日全食现象发生后，他寝食难安，如履薄冰，如临深渊。懿王二年，北方的狄人入侵西周的宗土——周原岐山故土。狄人一路烧杀抢掠，甚至攻至岐山故土。岐山与西周王都距离很近，岐山的安危直接影响着周王朝的安危。危难之际，周懿王紧急挑选国中精兵，命虢公统率六师讨伐，一场激战之后局势才转危为安。

受"天再旦"的影响，周懿王总觉得时局日非，遂筹划迁都。他最终选定了镐京西北的犬丘（今陕西咸阳兴平东南），迁都后，犬丘改称槐里。

周懿王七年（前893年）冬，西周遭遇了特大自然灾害，暴雨和冰雹袭击了王都槐里，有许多家畜被冰雹打死,继而寒流猛增,天气奇冷,《太平御览》卷八十四引《史记》载,周懿王七年"冬,大雨雹,牛马死,江、汉俱冻"。

周懿王本来就很迷信,这场天灾把新王都弄成一片废墟。他感到十分恐惧,变得疑神疑鬼、草木皆兵,最终精神错乱,到第二年春天就病死了。

《西周金文历谱》推断周懿王38岁即位,在位执政虚记9年,卒于周懿王八年,也就是公元前892年春天,终年46岁。史书上有所谓"温柔贤善曰懿",因此谥号为周懿王。

从金文记载来看,周昭王、穆王时期形成的较为成熟的册命制度在周懿王时期开始崩溃,正体现了周天子权威的衰落趋势。

册命制度的成熟是西周天子权威隆盛的象征,其主要标志是在任命、赏赐的过程中出现了导引受命者的佑者和宣读册命的史官。

册命制度进一步完善是在任命、赏赐的过程中有朝觐周王的礼仪:"立中廷,北向。"这并不是简单地立于庭院中央面向北方，它实际上是接受册命之前朝觐周王的两种礼仪的名称。"立中廷"是受命者在佑者导引下到达接受册命的位置的礼仪，而"北向"则是受命者到达接受册命的位置后，对周王进行拜见的礼仪，这很好地体现了"率土之滨，莫非王臣"的中央权威。

周懿王时期，册命礼中旧有的礼仪程序被打破，不再呼史官宣读册命，这见证了此时王权面临的危机。不仅如此，此时册命过程中宣读册命的人也变成了周懿王本人。由此可见，周王至高无上的光环这时已经开始消退了。

周懿王虽然治国能力不足，但还在一定程度上有效地控制着时局。根据铭文记载，懿王时期懿王命益公征眉国，益公获胜，归国向懿王报捷，并报告眉国酋长敖即将前来朝拜周王。同一年，周懿王曾经委命吕服余接替备仲，统辖周六师，并赐六师将服；命申继承其祖大祝之职，管辖丰人兼九戏祝。可见，这位平庸天子也曾有有为奋起的几许朝气。

史书上说"懿王之世，兴居无节，号令不时，挈壶氏不能共其职，诸侯于是携德"，可见当时周王室的内忧外患让天子身处无奈的窘境。

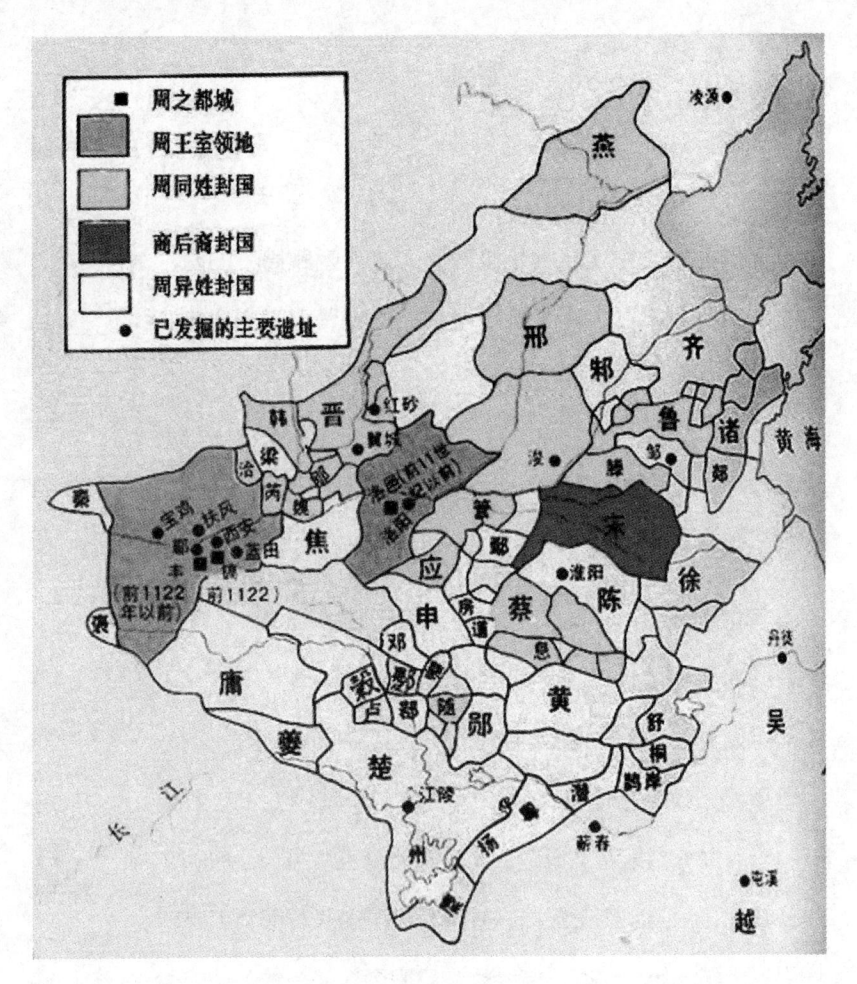

西周分封示意图

　　周王朝在周公摄政时为了长治久安，避免统治集团内部斗争，制定了嫡长子继承制。整个西周时期，周王朝统治者严格按照嫡长子继承制确定继承人，有效避免了王室内部因为争夺王位自相残杀，确保了周王朝的政局稳定。

但西周中期还是出现了一位没有遵守嫡长子继承制而登上王位的君主——周孝王。

《史记》对于孝王即位记载模糊，只有简短的一句话："懿王崩，共王弟辟方立，是为孝王。孝王崩，诸侯复立懿王太子燮，是为夷王。"之后再未提及孝王。孝王作为违背继承制度的周天子，司马迁好似有意回避，对其在位时期的文治武功绝口不提，今人对周孝王的了解主要来自于《竹书纪年》。

可以推断，周懿王之时周王朝国力衰落，导致宗周镐京备受戎狄威胁，甚至被迫迁都。王朝的衰落必然引起统治集团内部的分裂，这种分裂让周懿王威信扫地，尤其是懿王无能，放弃故都镐京，对于周王朝统治阶级来说是一个沉重的打击，而周懿王的太子姬燮软弱无能，不能在危难之时重振周朝。这些造成了统治集团内部对时局的愤懑，为周孝王成功登上王位创造了条件，使他凭借自身实力，在懿王统治无方和太子姬燮软弱无为的背景下成功夺得王位。

孝王不忘周朝遭受犬戎入侵之辱，甫一登基就以申侯率军，大起六师西征。

申侯是申国国君，他认为出兵征讨犬戎是不义之战，只能使两国的百姓遭受无谓的伤亡，于是向孝王建议说："从前我的祖先娶郦山氏之女，生下一个女儿，嫁给西戎的胥轩为妻，后来生下一个儿子名叫中潏。中潏因为母亲的缘故归服周朝，使周朝西部的边境不受侵犯。现在我把女儿嫁给中潏的后人大骆，生下嫡子成。如果大王能保证让我的外孙嗣位，申、扈两族就能保证让西戎人顺服，使周西部边境永保安宁。"

原来大骆庶生的长子名叫非子。非子从小喜欢养马，他养的马匹匹精良，人见人爱。有一次他往犬丘贩马，无意间撞见刚刚即位的周孝王。周孝王见他精明能干，便把他留在王都担任主管畜牧的大臣。申侯担心日后周孝王会让非子回国承嗣，与他的外孙争位，故此才有这个建议。实际上他这是在假公济私，是为了自己的外孙。

周孝王觉得这是个好办法，既可以避免百姓之苦，又可以节省军费开支，于是当即承诺不会让非子回国，也不支持非子回去与申侯的外孙争夺国君之位。于是申侯便出面与西戎讲和,西戎果然接受调解,同意与周息兵言和。《竹书纪年》载:"元年辛卯春正月,王即位,命申侯伐西戎。五年,西戎来献马。"周孝王时期,西戎遣使入朝,进献良马百匹。周天子十分高兴,重赏来使,并回赠许多粮食和布匹作为礼物。

孝王开辟专门的牧场,保证周王朝马匹供应,为最终解除少数民族的军事威胁提供了可靠的保证,同时也是对周王朝内部各诸侯国进行军事震慑,加强了宗周的统治力量。

周孝王这一举措对秦帝国的发展至关重要。当时为应对西戎的危机,孝王命非子为王室养马。马是当时国家最重要的战略资源,无论祭祀、农耕还是战争都需要大量优良健壮的骏马。但之前周朝养马业发展缓慢,周孝王为发展王朝的养马业,让非子前往汧(今陕西陇县西南汧山)渭(今甘肃陇西县西北)之间,为周王室养马。

非子为王室养马,马群大增,周孝王因非子养马有功,将他封于秦(今甘肃省张家川),从此秦出现在西周历史上,后来成为春秋战国时期的西方大国,并最终实现了五百年大分裂的大统一。

周孝王六年（前886年），勤勉有为的孝王还没有完成中兴周室的重任，就抱憾而终。

周孝王虽违反周朝宗法制，但他励精图治，反击西戎，解除了西戎对周王朝的威胁，一定程度上使西周王朝的国力得到恢复。其死后谥为"孝"，正是对其在位时期对周天下杰出贡献的总结。

周夷王名燮，是周懿王之子，在位时间据夏商周断代工程厘定为前885年至前878年间。

夷王时期的政局，《史记》记载是"王室微，诸侯或不朝，相伐"，范晔《后汉书》也说"夷王衰弱，荒服不朝"。当时楚国国君熊渠更僭越制度，仿效周天子，将其三子分封为王，周夷王也无可奈何。但夷王也不是毫无政绩可言。

夷王二年，当时的蜀国与吕国派遣使者向周王朝进贡，进献琼玉给天子，周夷王在黄河边上用宾客之礼接待。

夷王三年更发生一件大事，当时纪国国君纪炀侯向周夷王进谗言，陷害齐国国君齐哀公，周夷王于是烹杀齐哀公，并改立齐哀公之弟吕静为君，是为齐胡公。

烹杀齐君证明了周夷王时期中央的控制虽然受到地方诸侯的挑战，但天子还具备相当的国家控制力。因周夷王一度患病，不能治理国事，同姓诸侯十分忧虑，曾经祈求天神保佑，但是依然不能挽救周夷王的生命。由此可见，周天子依然是天下共主，为诸侯所拥戴。

夷王曾派遣虢国国君率领六军之师攻打不服王命、常来侵扰的太原之戎，周军一直打到俞泉，缴获一千匹战马。这一时期，西周的整体国势走向了衰落。

第二章 道路以目

公元前878年，周夷王姬燮的儿子姬胡继位，这就是中国历史上著名的周厉王。众所周知的成语"道路以目""防民之口，甚于防川"，都和这位周天子相关。

历代对周厉王的评价比较多，如战国时期的墨子说："暴王桀、纣、幽、厉，兼恶天下之百姓，率以诟天侮鬼，其贼人多，故天祸之，使遂失其国家，身死为僇于天下，后世子孙毁之，至今不息。"西汉司马迁在《史记》中也批评周厉王："幽厉昏乱，既丧酆镐"，"幽、厉礼乐崩坏，诸侯力政，转相吞灭，德不能怀，威不能制"。

第一节　防民之口

　　传统认为周厉王暴虐无常，是一位不折不扣的暴君昏主。

　　厉王贪图财利，亲近荣夷公。大夫芮良夫曾劝谏周厉王说："王室恐怕将要衰微！荣夷公喜欢独占财利，却不知大祸临头。财利是从各种事物中产生出来的，是天地自然创造的，而有人想独占它，那祸患就会降临。天地间生成的一切事物，人人都可以分享，怎么能独占呢？一人独占必然招致天怒人怨，却不知防备。荣夷公用财利欺哄您，大王您的天下还能长治久安吗？作为君王，应该把各种财物分发给上下子民，使天神、民众都能得到所应得的一份，即使这样，还要每天小心警惕，恐怕招来民众的怨恨。正是因为这样，先王才建立起周朝江山，一直到现在。而如今，大王您却学着垄断财利，这怎么可以呢？普通人独占财利，人们会称他为盗贼；如果一个君王这样做，那么归附他的人就会减少。荣夷公如若受到重用，周朝肯定要衰亡。"

可惜言者谆谆,听者藐藐,周厉王还是固执地任用荣夷公为周室卿士,执掌国柄。

周厉王还不断发动对周边少数民族的战争,连年征战,使得民众苦不堪言。种种作为使百姓怨声载道,公开议论他的过失。召公劝谏厉王说老百姓不能忍受暴虐的政令,周厉王不知改弦更张,反而勃然大怒。他找来一个卫国的巫师,让他监视那些妄议朝政的人,只要听到民众的牢骚,就立即弹压逮捕。这样卫巫监谤,一时莫谈国事,百姓噤若寒蝉,熟人相见也只能"道路以目",大家不敢说话,只能靠传递眼神问候。厉王的胡作非为惹得天怒人怨,以致地方诸侯离心离德,也不来朝拜周天子了。

周厉王不知危险来临,竟大言不惭地对大臣说:我能"弭谤"了。你们做不到让百姓不发议论、不诽谤朝廷,而我做到了。召公语重心长地劝诫厉王说:大王的做法是在堵老百姓的嘴啊。堵住百姓的嘴,比堵住河水还要难。河水堵塞而冲破堤坝,伤害的人一定很多,百姓也像河水一样。治理河水要疏通它,治理天下、管理百姓也是一样的道理,要让民众畅所欲言。以前的天子听政,要让公卿以及各级官吏献诗，乐官献曲，史官献书，少师献箴言，盲者或朗诵诗歌或背诵典籍，各类工匠在工作中的议论、老百姓的街谈巷议，近臣尽心规劝，一同弥补监察，太师、太史进行教诲，元老大臣整理阐明，然后君王才综合考虑做出决定。所以那时的政事得到推行而不违背公理道义。百姓有嘴，如同土地有高山河流一样，财富就从这里流出；如同土地有高原、洼地、平原和灌溉过的田野一样，衣食就从这里产生。嘴巴是用来发表言论的，政事的好坏就建立在这上面。实行好的而防止坏的政策，是整个社会财富丰富、衣食兼备的基础。百姓心里所想能够公开说出来，这才合乎自然天理。作为周天子要成全他们，将他们的意见采纳并付诸实施，怎么能像大王这样粗暴简单地去堵住他们的嘴呢？如果堵住百姓的嘴，我们这个政权还能维持多久？

"防民之口，甚于防川"本是至理名言，然而执迷不悟的周厉王沾沾自喜于自我营造的"楚门的世界"，根本听不进这样的逆耳忠言，他仿如坐在火山口上而昏昏沉睡。

公元前841年，国人终于无法忍受厉王长期的粗暴统治，"不在沉默中爆发，就在沉默中灭亡"，他们选择在沉默中爆发了。一场声势浩大的国人暴动迅速席卷全国。怒火中烧的国人攻入王宫，厉王仓皇逃窜，渡过黄河逃至彘地（今山西霍州）。周厉王是在颠沛流离、惶惶如丧家之犬中度过余生的。公元前828年，这位曾经不可一世、与民众为敌的周天子死于彘地。

第二节　厉王革典

长期以来，受传统文献的影响，对周厉王政治作为的评价多是负面的，但是随着诸多西周青铜器的出土，这几年学界对周厉王的评价持肯定意见的越来越多。

厉王是大有作为的周天子，厉王时期，对西周的政治经济制度进行了一系列改革，我们可以称之为"厉王改革"。

在政治上，周厉王改变周、召二公"世为卿士"的西周世卿世禄体制，大胆起用在经济、军事上有专长的荣夷公和虢公长父。这一做法自然遭到贵族们的强烈反对。被认为是召穆公哀伤周室大坏的《诗经·大雅·荡》，就抗议了周厉王用贪暴之人而不用旧章旧臣，诗歌批评周厉王的品德不明，因此不知道谁做辅佐谁做公卿。然后话锋一转，用训诫的口吻讲起历史，说商朝的灭亡不能怨上帝，是商王不用旧臣的缘故，周厉王应以商的灭亡为鉴戒。这种批评还见于《诗经·大雅·板》，诗歌强调王族及世族的子弟才是西周国家的栋梁。诗中一再强调"大邦""大宗"，意在告诫厉王不要打破旧的政治秩序和旧制度。可见，在政治上周厉王试图打破血缘宗亲的西周世官体制，唯才是举。

在经济上，周厉王抓住"专利"和"农业"这两个主要环节，力图振兴残破的王室经济。

芮良夫对周厉王的谏言历来被认为是"反对厉王的封建君主与贵族垄断山林川泽的生产"，但仔细思考，西周时代的山林川泽早已为各级贵族所有，周厉王的"专利"当不是"垄断"的意思，更谈不上"与民争利"，而可能是他从贵族占有的山林川泽中规定若干项向王室交纳的

"专项"物质财富,从而增加王室经济收益。

芮良夫明确指出"今王学专利","学"就是讲周厉王要在贵族的山林川泽中规定专项的贡赋税收。因此芮良夫代表的是自由小工商业者。

《逸周书·芮良夫解》有相似的记载,芮良夫称同僚为"执政小子",周厉王时代的"执政小子"很可能就是荣夷公。从语气上看,芮良夫显然是以勋旧宿臣的口吻训诫后进的,指责荣夷公的内容为专利作威、以贪谀事王,明显是针对荣夷公帮助周厉王在经济上采取打击贵族经济以加强王室经济的改革措施的。而芮良夫批评厉王推行的"爵以贿成"则说明厉王时期爵位的授予开始有了功利主义的倾向——出卖爵位以期解决王室经济的现实困难。

重视农业是周厉王改革的一项重大措施。周厉王主抓农业,以"稼穑"为国宝,使周代的农业得以迅速发展。

在军事上,周厉王更力图改变周边少数民族屡次入侵的状况,解决军旅积弱之弊,成效显著。

当时江汉间强大的楚国在周夷王时即已称王,但到周厉王改革后,周王朝强大震慑四方,楚国国君熊渠因畏惧周厉王的强大，恐其伐楚，于是自动取消了王号。厉王时原来臣属于周朝的噩国（今河南南阳东北）乘机反叛周朝并企图侵占周朝的疆土，噩侯勾结淮夷和东夷部落攻击周朝的东部和南部国土，一度声势浩大，气焰嚣张，一直打到成周（今河南洛阳）附近，严重影响京畿安危。

周厉王为保卫京都和周朝的社稷，从宗周调来西六师的部队，还从北部调来殷八师的大军，从西、北两个方向向河洛地区聚集，形成夹击之势，一举歼灭噩国的军队。周厉王依靠贵族大臣的亲兵将领来抵御噩国的进攻，大臣武公的私家兵车百乘、厮御二百人、徒兵千人参战，经过激烈的战斗，厉王大军最终击败噩侯，保卫了成周的安全。

攻噩之战取得大胜后，居住在今安徽北部淮河流域的淮夷再次发兵进攻周朝。周厉王命虢公长父率兵反击，未能取胜。淮夷气焰炽烈，一路追击到东都伊水、洛河之间，并掠杀无辜平民，抢夺财物。周厉王亲临成周指挥反击战，淮夷无法招架，士兵狼狈逃去。周军乘胜追击，最后彻底击败淮夷，斩俘一百四十余人，解救被淮夷掳去的周民四百多人。

厉王攻噩和平定淮夷的胜利大振军威，周朝的军力有所增强，周朝国威更有所振作。

在法律上，周厉王采取加强法制的措施。这在先秦以来的儒家观念中就是行"暴政"。周厉王在宗法观念浓厚的西周中晚期，为了保证经济、政治改革的顺利进行，不惜使用高压手段："王怒，得卫巫，使监谤者，以告，则杀之"，可谓暴风骤雨，是商鞅之流严刑峻法的开端。

应该注意的是，厉王监谤"以告，则杀之"的标准是什么？显然不是滥杀无辜。周穆王时西周已制定五刑之属，周厉王行法，自然是对周穆王旧制有所继承和遵循。周厉王用法制来维护"革典"的进行，不会仅用卫巫一个人，很可能是以卫巫为首的一个执行法律的特别机构。卫巫手下的人散布在京城中监视在公众场合发表议论的国人，而卫巫本人及其亲信则可能留在宫廷周围监视官吏中敢对新政提出不同意见的人。

由此可见，周厉王为了确保"革典"的进行，采用简单、幼稚甚至粗暴的手段，被反对派用来指责其行"暴政"，上下唾骂几千年；然而，周厉王的"暴"可能更多的是人们抽象出来的想象而已。

周厉王时期，因为政治上的革故鼎新带来了社会的激烈动荡，臣民由哀怨至于愤怒甚而至于激切，"在中国，即使动一张桌子，也要付出流血的代价"。周厉王勇于改革，却难抵身边的惊涛骇浪，他身处火山之上，面临的是岌岌可危的境地。

总体来看，周厉王是一个敢于面对积重难返的局面的改革家，他在政治、经济、军事、法律等方面都进行了一系列改革。但他的对立面是强大的旧贵族，加之他没有经验，改革牵涉到过多人的利益，以至于贵族不满，加之推行改革的手段幼稚简单，最后连国人也起来反对。厉王这一场革新运动最后走向失败，自己也客死异乡，凄凉收场。厉王革典一如后世的王莽，都是好心办坏事的典型，从目的和效果看，周厉王无疑是一个失败的理想主义者。

《诗经》

第三章

共和岁月

我们的主人公周宣王在厉王革新时期还是世子，因为那场著名的民变——国人暴动，在父亲政治理想已然失败的时刻，他机缘巧合地出现在历史舞台之上。

宣王名静，又称"靖"。静，可能代表了他深沉有谋的性格；而靖，似乎是代表了靖难、恢复秩序，这倒与宣王的人生政绩切合了。名字不重要，重要的是宣王出现了。

第一节　处于忧患

国人暴动是千百年民变之开始，当时京师镐京陷入一片混乱，时年尚小的姬静在暴民的山呼海啸声中，担心局势失控威胁到自身安全，不知怎么就跑出皇宫，躲藏到了权臣召公家里。

暴民找不到周厉王泄愤，正无所适从，这时听说厉王有个儿子还在镐京，简直是一条还未捕捞到的大鱼，迷乱的情绪再次被点燃。

盲目冲动的民众就把召公家团团包围，可能因为召公年高德劭，一时间民众还不想与这位温厚长者撕破脸，于是只要求召公交出姬静，杀死厉王的这个儿子以谢天下。可以想见，当时召公门外的民众群情激愤，杀声让人胆战心惊。

其时的形势对生于深宫、年岁尚幼的姬静来说充满了凶险和恐惧。宣王在位46年，加上14年的共和行政，以古人年寿不高来推算，此时的姬静大概至多也就是十余岁的孩童。

召公告诉姬静说："先前，我多次劝谏你的父亲，但他固执己见，刚愎自用，才酿成今日混乱的局面。这次的灾难是冲着你父亲来的，如果现在我交出你了事，恐怕民众会杀你泄愤，这让你出逃在外的父亲情何以堪，让我以后如何在世上做人呢？我是侍奉你父亲的人，即使处在危险之中，也不能对你父亲的过错仇恨怨怼；即使有责怪，也不能迁怒于你，更何况你还是个未成年的孩子。"姬静在忧惧之中只能听天由命，告诉召公一切由他做主。

召公在深思熟虑后做出痛苦的抉择，用李代桃僵之计——将自己的儿子代替姬静交给闹事的民众。民众在逮到假姬静处死之后，才如潮水般散去，真姬静得以保全性命，免遭暴民杀害。春秋时期《赵氏孤儿》的故事，与此颇为类似，可能是受到这个历史细节的影响。

姬静就是后来的周宣王，他幼年长于深宫之中，自小在雄心壮志、力图有所作为的周厉王的教导下耳濡目染，学习了一些治国理政的经验，锻炼了从政能力，度过了一段无忧无虑的童年时光。

国人暴动之时，宣王年幼，面临天下乱局，他藏身于召公家里，自然也是信赖功勋元老召公的为人处世。召公以瞒天过海的计策，得以保全姬静幼小的性命，这不能不说是天不亡周。

暴民在镐京城的厮杀与盲动、天下无主的乱局，一定给姬静带来了强烈的心理震撼，令他心有余悸。"生于安乐，处于忧患"，少年姬静就是在混乱不明的政局中慢慢学着韬光养晦，从而开始他作为潜在继承人的少年时期的。

宣王的少年时期，是著名的"共和行政"时代，历时14年之久。这段特殊的历史时期，对周宣王的政治思想以及后来的政治作为无疑产生了深刻的影响。

西周晚期的"共和行政"是西周史上厉王以后、宣王以前的一个奇特历史时期。围绕这一历史事实，众说纷纭，至今尚未有定说。

集中分析，对"共和行政"主要有以下几种意见：

其一，周、召二公摄政。这是司马迁在《史记·周本纪》中首先提出的主张："召公、周公二相行政，号曰共和。"此后晋代的杜预、宋代的司马光、清人崔述等著名史学家均赞同太史公的看法，现代学者范文澜、斯维至、吕思勉等也坚持此说。

其二，共伯和称王摄政。这种观点在先秦早期典籍中多有体现，如《古本竹书纪年》记载"共伯和干王位"，

周召共和画像石

《庄子·让王》有"许由娱乎颍阳,共伯得乎共首",《经典释文》引司马彪注解说"共伯名和,修其行,好贤人,诸侯皆以为贤。周厉王之难,天子旷绝,诸侯皆请以为天子,共伯不听,即干王位",《吕氏春秋·开春》也有类似的记载。近代史学家顾颉刚先生认同此说,郭沫若、吕振羽、晁福林等学者也持这种观点。

其三,共伯和摄王与周、召二公一起参与行政。这是史学家童教英先生提出的新观点,先生认为"共和行政"是以共伯和为首的三公共同行政的体制。

西周晚期的国人暴动使周王朝的中央政权处于风雨飘摇之中,王位虚悬 14 年之久。此间周召行政与诸侯干王位并存于中原大地,这种状态一直持续到宣王即位才告结束。而登上王位的宣王姬静不是厉王的长子,在西周王朝已经确立嫡长子继承制的前提下,宣王之所以能登上王位,正是共和时期局势混乱,各方政治势力角力妥协的政治结果。

周厉王三十七年,国人不堪厉王新政而发生暴动。其时厉王狼狈而逃,最终自我流放到彘,中国历史进入所谓最早的确切纪年的开始的共和时期,也就是公元前841年。

当时周厉王没有死掉或被正式废除,而是在彘地流亡,但司马迁的西周纪年方式已改用共和而舍弃了厉王。

清道光末年陕西岐山出土的毛公鼎铭文中宣王认为厉王新政的结果是"弘其唯王智,迺唯是丧我或",其中的"或"应该就是"国",这是周宣王亲口承认周王朝在厉王时期遭遇了亡国之祸,也就是国人暴动让周的道统一度断绝了。

宣王的"丧国"言论可信,厉王时

毛公鼎

期的畿内大臣芮良夫作《桑柔》一诗，其中这样描述当时的政局："天降丧乱，灭我立王。降此蟊贼，稼穑卒痒。哀恫中国，具赘卒荒！"

毛公鼎铭文

这首诗《毛传》以为"斥王者"，《诗序》说它是"芮伯刺厉王之作"，宋代朱熹则主张此诗写的是厉王"肆行暴虐，以败其成业"。

厉王末年的新政导致社会混乱，"乱生不夷，靡国不泯（灭）"，最终的结果是"民靡有黎，具祸以烬""自西徂东，靡所定处"，国人暴动，推翻旧王而未立新王，民众放眼天下发现从西到东已经没有一处可以安身立命的地方了。

对于周朝王统的一度中断，史书中很难见到正面描写。周朝灭国只有 14 年左右，其后宣王即位，王道复兴，当时的历史记述学者因尊奉周室而有所避讳。其后的左丘明、司马迁撰写历史，共和事件发生已逾数百年之久，官方信史既无，民间流传无从考证，也就模棱两可、含糊记之了。

作为慎重严谨的史学家，司马迁采用共和纪年，以此

055

向后人表明其对周朝王统是否中断的疑问。而我们通过对《史记》、《诗经》及毛公鼎铭文等的研究，可以发现共和时期中原地区已非姬姓一家之天下了。

厉王出奔之后，民众激情消退，周朝的元老旧臣试图维持摇摇欲坠的中央政权。《史记》对此有所描述，"召公、周公二相行政""大臣共和行政""大臣行政"都清楚地告诉我们，国人暴动后周朝的一班大臣并没有树倒猢狲散，让西周政权瘫痪，其中的一部分人跟随厉王出奔，依然奉厉王为正统，而另外一部分对厉王不满但又对周王朝忠心耿耿的臣子，自然在苦苦支撑着原有的统治秩序。

《诗经·小雅·常棣》很有意思，可能正是这个时期政局的形象描述：

常棣之华，鄂不韡韡。凡今之人，莫如兄弟。

死丧之威，兄弟孔怀。原隰裒矣，兄弟求矣。

脊令在原，兄弟急难。每有良朋，况也永叹。

兄弟阋于墙，外御其侮。每有良朋，烝也无戎。

丧乱既平，既安且宁。虽有兄弟，不如友生。

傧尔笾豆，饮酒之饫。兄弟既具，和乐且孺。

妻子好合，如鼓瑟琴。兄弟既翕，和乐且湛。

宜尔室家，乐尔妻帑。是究是图，亶其然乎！

关于此诗的写作时间，《国语·周语上》韦昭注解是在厉王时，唐代的孔颖达主张是召穆公于东都会宗族，当在宣王之时。我认为，此诗更可能产生于共和期间。

《左传·僖公二十四年》记载有东周大夫富辰的话，他认为《常棣》是召穆公所作。富辰作为周大夫，所说之话应该可信有据，其所言"召穆公思周德之不类，故纠合宗族于成周而作诗"是值得深思的一句话。《毛传》说"类，善也"，不类即不善，是说周王朝统治的衰微。成周在西周时期本为纠合诸侯发号施令之所，如果把这首诗歌放到周王朝统治衰微、社会动荡的大背景下理解就合乎逻辑了。

国人暴动，厉王出逃，天下已无共主，旧王偏安一隅，力图复兴的老臣们为姬姓江山四处奔走，在成周召集同姓兄弟，号召大家来共同匡复王室。"死丧之威，兄弟孔怀"，应该是指国人暴动对统治阶层造成的灾难。国人暴动后，镐京的统治阶层被杀者甚多，召穆公的家就被国人所围困。被国人赶出京城的周朝旧臣，在危难时刻想到了周之同姓宗族，"原隰裒矣，兄弟求矣"，这一帮老臣在召穆公的率领下于成周会集宗族，希望姬姓诸侯团结起来共渡难关。"脊令在原，兄弟急难"，并用"兄弟阋于墙，外御其侮"作为精神号召。"丧乱既平，既安且宁"，表达了诗人对未来安定之后周王朝的憧憬与美好向往。

以当时的天下大势来看，国人暴动发生后，宗周已非周的王都，而是被共伯和所控制。此时周之中央政权所辖尚能听令的军队唯有殷八师，这本是一支西周王朝为监视殷人及其在东土的同盟者而设置的武装力量，常驻地在成周，故亦称"成周八师"或"成师"。召穆公等一班周朝旧臣逃出宗周后，认为只有掌握军队才能匡复王室，于是带着王

克盨铭文

克盨

子姬静跑到成周,先控制了常驻成周的殷八师,然后用王子静的名义召集姬姓诸侯,并从宗统与军统、政治与亲情的高度劝说他们团结在王子静的周围,此举无疑为以后周宣王登上王位奠定了坚实基础。

"每有良朋,烝也无戎","良朋"指的就是同宗之人。克盨铭曰:"用献于师尹、朋友、婚媾。""朋友"在"婚媾"前,在西周时期指的就是同宗的兄弟。《尔雅·释训》也谓"善兄弟为友",这其中的"友"字同样是指同宗之人。召穆公用宗族的观念来号召宗亲,一方面表明了姬姓宗族的团结和强大,另一方面也说明当时社会人心思变,异姓诸侯已与周王朝离心离德了。

第二节 共伯其人

正当周朝旧臣为恢复姬姓江山而四处奔走时,宗周的政权落入掌握军队的共伯和手里。

根据厉王元年和三年时的两件师兑簋的铭文,我们可以知道，至迟在厉王初年，共伯和就已经入周王朝任师职了。

"师"在西周时期是武官，可统领军队四处征伐，共伯和其时被称为师和父。

从厉王三年到五年的司马共组诸器的铭文可以发现，共伯和在这个时期又担任过司马。

《周礼·夏官·大司马》记载，司马"制军诰禁以纠邦国"，这明显是一个管理军队的官位。可以想见，掌握宗周军权的共伯和，在厉王奔彘、召公等奔洛后，成为最有能力和机会平定国人暴动并主宰时局的人选。

《鲁连子》说："共伯名和，好行仁义，诸侯贤之。周厉王无道，国人作难，王奔于彘，诸侯举和以行天子事。"仔细分析这段记载，共伯和行天子事是真，至于"好行仁义""诸侯举和"，可能只是一种美化修饰的言辞了。

乱世之中，唯奸雄任之，"天子宁有种耶？唯兵强马壮

师兑簋

者为之耳"，靠贤名服众更多只是后世史学家的自我意淫而已。

在周人的眼中，共伯和干王位可说是奇耻大辱，故多不言之。东周时期周景王庶子王子朝为争王位寻找历史根据，才隐约提及厉王奔彘后的复杂政局，说"诸侯释位，以间王政"，也就是诸侯各去其位，参与王朝之政。诚如服虔说的："言诸侯释其私政而佐王室。"

但奇怪的是，先秦典籍《诗经》《左传》等都没有明指"干王位"者是谁。这就很容易让人产生疑问，在那样混乱的情况下，到底有多少诸侯参与了王政？除共伯和之外，中原大地上还有几人称王？这无从考证，但我们相信，当时应该有不少人在共和期间称王，而"干王位"者少不了共伯和。

距离共和行政时间较近的大诗人屈原在《天问》中发出这样的疑惑："中央共牧，后何怒？"这句话译成白话就是：诸侯共同治理周朝天下，周厉王为什么怒气满腔呢？

对于屈原发出的疑问，我们用周召行政与共伯和干王位并存来推证，问题就迎刃而解了。

周朝一班老臣团结姬姓诸侯，守着王子静，在成周地区发愤图强，力图恢复周王朝的道统。中央政令由周、召二相行使，但周之政令出不了周之直辖领土，甚至于连直辖领土也管不了———镐京当时属于共伯和的势力范围。至于其他地方，称王谋霸者蠢蠢欲动，周边的少数民族政权淮夷、戎狄等仍不断侵扰。厉王看到祖业败在自己手中，所以感到羞愧难当而又充满愤怒。

《鲁连子》与《史记·周本纪》记载的国人暴动、厉王死去的时间是一样的；不同处是共和期间的掌权者，《鲁连子》记载为共伯和，《史记·周本纪》却记载是周、召二公。另外，厉王死后拥立宣王登上大宝的人物也有差别，《史记·周本纪》说是周、召二相拥立了宣王，而《鲁连子》则说是共伯使诸侯奉王子静为宣王。

《鲁连子》记载共伯使诸侯奉王子静为宣王之后，主动"复归国于卫"，此说有悖常理。在一个要靠武力才能取得政权的特殊时代，已掌权14年之久的共伯和岂会甘愿拱手让出王位而退隐山林？从这个角度看，周、召二相拥立宣王的可能性要更大些。

周、召二公在宣王时期仍是王室重臣，也可见当年的拥戴之功。如召穆公在宣王统治的初期曾受命带兵讨伐周边民族，《诗经·大雅·江汉》就是歌颂召伯虎接受宣王的命令征伐淮夷取得胜利而受到赏赐的诗篇。

周、召二相行政与共伯和干王位可能是并行的，因此双方都在历史的长河中留下自己的印迹。至于宣王即位后是否与共伯和发生过武力冲突，或是二者有什么君子协定，让宣王不战而屈共伯和之兵，尚需要新资料去破解。

与传统的认识不同，我以为宣王姬静可能并非厉王长子。《史记·十二诸侯年表》记载说："厉王子居召公宫，是为宣王。王少，大臣共和行政。"这是说宣王作为厉王的儿子，在国人暴动的混乱之中居住在召公家，因为姬静年龄尚小，政权一度由大臣们掌握。从史料中我们知道，参加国人暴动的有正人（衙门里服役之人）和师氏人（军人），如果姬静是太子，这些人有可能见过并认识他，而召公李代桃僵之计要瞒天过海，应该不是一件容易的事。

如果姬静非常年幼，还未公开露过面，召公才可能"以其子代王太子，太子竟得脱"。盛怒中的国人不明就里，于是执召穆公之子杀之了事，整个过程才似乎无可挑剔。

宣王时年尚小，周厉王却至少已是知天命之年了。到国人暴动时，厉王在位已37年之久。假使厉王二十岁继承大位，国人暴动时已是将近六十岁的人。即使厉王即位再早上十年，暴乱时也有五十岁左右，从周人特别是帝王婚龄一般偏早考虑，厉王的长子应在三十岁上下，而王子静其时却是幼小的童子。这种现象只能说明：王子静并非厉王的长子，而只是厉王众多王子中的一个，真正的太子可能在国人暴动中遇难了。唯如此，才可以解释厉王出奔之后，国家无主，虽废黜厉王君统，但无人在厉王还活着的现实下即位，从而让国家陷入僵局而出现共和局面。

《史记·鲁周公世家》记载的宣王后来干涉鲁政的故事能侧面印证宣王并非厉王长子。其文说："武公九年春，武公与长子括、少子戏西朝周宣王。宣王爱戏，欲立戏为鲁太子。周之樊仲山父谏宣王曰：废长立少，不顺；不顺，必犯王命；犯王命，必诛之。故出令不可不顺也。令之不行，政之不立，行而不顺，民将弃上。夫下事上，少事长，所以为顺。今天子建诸侯，立其少，是教民逆也。若鲁从之，诸侯效之，王命将有所壅；若弗从而诛之，是自诛王命也。诛之亦失，不诛亦失，王其图之。"

但周宣王不听樊仲山父劝告，还是强立戏为鲁太子。其实早在周成王时，西周王廷已确立了嫡长子继承制。《左传·文公三年》云"先大后小，顺也"；《春秋公羊传·隐公元年》更道出了这种制度的核心原则："立嫡以长不以贤，立子以贵不以长。"而在鲁国事件中，周宣王一意孤行，立鲁之小儿为太子乃至国君，可见周宣王内心并不以长子继承制为尊。倘若宣王为嫡长子，其行为就显得有点怪异；但如果宣王本身就不是长子，借鲁国以立自己的政治权威，他干涉鲁政的行为就更好理解了。

国人暴动之后，有的王子随厉王奔于彘，有的死于乱局之中。幼年姬静受召公保护才得以幸存，他随召公和周朝一班旧臣，在成周依靠成周的殷八师，又团结了东方的一批姬姓诸侯，得以渐渐壮大力量。厉王死后，天下无主，姬静集团成功击败共伯和以及彘地厉王旧属集团，逐渐恢复了对昔日属国的控制，名正言顺地登基为王。正是在这场长达14年的惊心动魄的政治斗争中，周宣王渐渐长大了。

065

第四章 革故鼎新

周宣王之立年与纪年元年，司马迁《史记》之《十二诸侯年表》明载宣王立于公元前828年，而纪年元年则为前827年。

宣王"内有拨乱之志，侧身修行，任贤使能，经营四方，锡命诸侯，周室中兴"。

第一节　少年天子

姬静受命于天，做了天子，接受的是其父厉王留下的烂摊子，在这百废待举的时期，刚经过祸乱的文武群臣，尤其是周、召二公，把匡复周室的希望寄托在宣王身上。宣王首先要在政治上有一番革新，使当时周王朝的颓废风

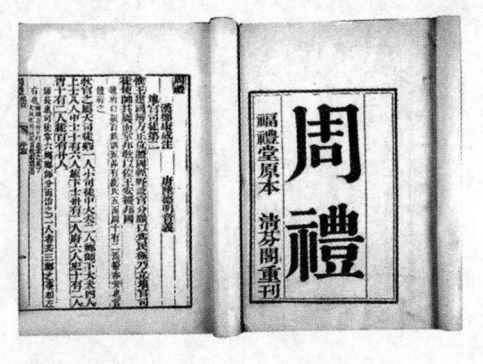

《周礼》

气为之一变。

按周制,男子二十岁行冠礼,然天子诸侯为早日执掌国政,也可能提早行礼。据说周文王十二岁而冠,成王十五岁而冠。以共和十四年之久推算,宣王行冠礼之时应已满二十岁。

周代奉行礼治,《礼记·冠义》说"冠者,礼之始也"。《礼记·冠义》篇更是系统阐述了冠礼是礼仪起始的观念,其文说:

> 凡人之所以为人者,礼义也。礼义之始,在于正容体、齐颜色、顺辞令。容体正、颜色齐、辞令顺,而后礼义备。以正君臣、亲父子、和长幼,君臣正、父子亲、长幼和,而后礼义立。故冠而后服备。服备而后容体正、颜色齐、辞令顺,故曰:冠者,礼之始也。

因此礼乐政治下的西周天子宣王的冠礼自然而然地便成为周室至关重大、举足轻重的事,这当是宣王登基正式执政的开始。《诗经·大雅·假乐》应该是宣王登基时行冠礼所唱诵的冠词:

假乐君子，显显令德。宜民宜人，受禄于天。保右命之，自天申之。

干禄百福，子孙千亿。穆穆皇皇，宜君宜王。不愆不忘，率由旧章。

威仪抑抑，德音秩秩。无怨无恶，率由群匹。受福无疆，四方之纲。

之纲之纪，燕及朋友。百辟卿士，媚于天子。不解于位，民之攸墍。

这首诗一共四个段落，每段是六句话。第一段描述受命于天；第二段言政治法先王，继承遗志；第三段说的是要广施威德，海纳百川；第四段勉励君王要勤政爱民，体恤臣属。整首诗歌主要从"德、章、纲、位"四个角度，尽情讴歌即将登基为王的周宣王，表达了召公、周公一班老臣对这位少年天子的期许。

所谓"假乐"也就是嘉乐，画龙点睛道出这首诗歌的主题旨趣。第一段中的"显显令德"直截了当地赞颂少年姬静的品德高美，强调姬静做天子是顺天意、得人心的，今日登基更是天命有归，受命于天，自然万事大吉。

这一段站在天的立场上，以敬天保民的神权思维开端，力图彰显宣王即位的合法性，在当时西周内忧外患、摇摇欲坠的特殊时期，表达了以召公、周公为核心的一班老臣对少年天子宣王姬静的高度期待，可谓语浅情深、言近旨远。

　　第二段站在祖宗的高度上，极力赞扬姬静作为天子将开枝散叶、花开富贵，让大周政权枝繁叶茂，欣欣向荣。通过文字表达了大臣们的愿望：希望姬静能做好万民表率，彰显王尊，认真严格地遵循文、武、成、康、昭、穆等有为先王开创的典章制度，治国遵循章法，有法可依，不要像厉王那样肆意妄为，而要虚怀若谷，诚心接受大臣们的劝谏批评，顺从贵族联合体的西周政治格局。

　　第三段主要表达祝福，用生动的笔墨描绘了少年姬静自身的仪态隆盛。仪容威严，谦逊有礼，品德高贵，可以为民之典范，是天下臣民、四方诸侯的做人标尺，因此能够万寿无疆。

　　第四段用白描的手法勾勒出姬静行冠礼现场的盛大有序。宣王有板有眼，合乎规矩，礼待诸侯，宴饮群臣，群臣诚惶诚恐，亲近爱戴他，可谓是其情融融，其意洽洽。

诗歌最后提出了对少年天子的希望——勤于政事、敬德保民，只有这样，才是万民之福，才能让百姓安居乐业，国家昌盛繁荣。

新君即位，周、召二公的摄政任务算是圆满完成。与周公相比，召公对宣王还有多年的养育之恩，因此在严肃隆重的王廷礼仪结束后，召公还对这位年轻的天子有私下的政治交代。

《诗经·小雅·天保》被认为是召公、周公归政宣王时，作为老臣与义父的召公对新王姬静的热情鼓励及殷殷嘱托。在这首诗歌中，年迈的老臣召公期望周宣王在登位理政后能励精图治，完成周王室的中兴大业，重振大周雄风：

天保定尔，亦孔之固。俾尔单厚，何福不除？俾尔多益，以莫不庶。

天保定尔，俾尔戬穀。罄无不宜，受天百禄。降尔遐福，维日不足。

天保定尔，以莫不兴。如山如阜，如冈如陵，如川之方至，以莫不增。

吉蠲为饎，是用孝享。禴祠烝尝，于公先王。君曰卜尔，万寿无疆。

神之吊矣，诒尔多福。民之质矣，日用饮食。群黎百姓，徧为尔德。

如月之恒，如日之升。如南山之寿，不骞不崩。如松柏之茂，无不尔或承。

召公在这首诗歌中说话的语气、祝愿方式与表述内容大体和《尚书·周书·康王之诰》一致，可见召公家族世袭的贵族忧国忧民的气质。召公作为当时的太保，是一个具有远见卓识的伟大政治家。

这首诗歌一共六段，每段为六句。第一段是召公祝福少年宣王天命所归，王位永固。作为朝廷股肱、元老宿臣，他语重心长地告诫姬静，"天保定尔，亦孔之固"，并发出"上天对你会很好，会赐予很多的恩典"的鼓励，无非是希望这位乱后登基的少年消除在政治上孤立无援的疑虑，确立起建功立业、统御江山的雄心壮志。第二段召公表达了对国家在宣王治理下繁荣富庶的期望。"俾尔戬穀""罄无不宜""降尔遐福"，这是说上天一定会使大王您一切顺心如意，赐给我们国家巨大的福分。第三段则是以山川做比喻，表示宣王即位之后，上天会保佑西周百业兴旺、蒸蒸日上。此段突出的一个特色是召公在诗歌中连用五个"如"字，气势如虹，一气呵成，尽情讴歌了上天对姬静的帮助与在宣王治理下国家的旭日飞升。

从第四段起则笔锋一转，召公表达自己将选择吉祥的日子，为天子举行尊奉先祖的祭祀仪式，希冀周之先公先王都能够保佑国君身体健康、国运兴隆；第五段是说先公先王的神灵会因虔诚的祭祀而降临到宣王身上，并赐福保佑宣王，将给国家带来富庶安康；最后一段则以四个"如"字祝颂姬静，祈祷宣王长寿，肩负国家重任，勤勉有为，这样才会让国祚鼎盛绵长。

通观这首诗歌，可谓到处流露出召公对这位视如己出的少年天子的热情鼓励和殷殷期盼，以及隐藏在召公内心的深沉的爱护与为国的无私。

这首诗歌的传神、奇妙与高明，就是使用了不少旷远宏阔的比喻，尤其是连用九个"如"字，可谓风格独到，气贯长虹："如山如阜"、"如冈如陵"、"如川之方至"、

"如月之恒"、"如日之升"、"如南山之寿"和"如松柏之茂",以这种排比式的修辞,激励祝福和热心教导姬静,这既是对新君的极大鼓励,也是对少年天子的巨大鞭策。

少年天子姬静终于即位了,因他的奋发有为,"苟日新,日日新",即将为周王朝开启一个崭新的时代。

如何赢得失望散乱的民心,重新树立君主的权威,推行姬静内心汲汲以求的中兴新政,实现国家崛起与鼎盛?这是个相当复杂而又亟待解决的政治性难题。

如果说宣王元年是冷静观察、站稳脚跟,那么宣王二年发生的旱灾,则是宣王展示自我政治魅力的真正开始。

"天降丧乱……靡有孑遗",这场始于宣王二年的严重旱灾持续了四年之久,当时西周农业生产受到严重影响,田野荒废,千里无人烟,白骨露于野。周宣王忧心旱灾让黎民受苦、社稷倾覆,于是亲自到郊外与宗庙奠酒埋玉、祭祀天地、祷告神明祈求降雨。

为祷雨祈丰、安定民心,宣王亲自撰写了《诗经·大雅·云汉》,以表示天子爱民之深、畏旱之甚、盼雨之切及虑国之远,彰示自己与民同甘共苦的虔诚和决心。

这样的政治作风自然赢得了以仍叔为代表的大臣与普通民众的一片赞誉：

倬彼云汉，昭回于天。王曰：於乎！何辜今之人？天降丧乱，饥馑荐臻。靡神不举，靡爱斯牲。圭璧既卒，宁莫我听？

旱既大甚，蕴隆虫虫。不殄禋祀，自郊徂宫。上下奠瘗，靡神不宗。后稷不克，上帝不临。耗斁下土，宁丁我躬。

旱既大甚，则不可推。兢兢业业，如霆如雷。周余黎民，靡有孑遗。昊天上帝，则不我遗。胡不相畏？先祖于摧。

旱既大甚，则不可沮。赫赫炎炎，云我无所。大命近止，靡瞻靡顾。群公先正，则不我助。父母先祖，胡宁忍予？

旱既大甚，涤涤山川。旱魃为虐，如惔如焚。我心惮暑，忧心如熏。群公先正，则不我闻。昊天上帝，宁俾我遯？

旱既大甚，黾勉畏去。胡宁瘨我以旱？憯不知其故。祈年孔夙，方社不莫。昊天上帝，则不我虞。敬恭明神，宜无悔怒。

旱既大甚，散无友纪。鞫哉庶正，疚哉冢宰。趣马师氏，膳夫左右。靡人不周。无不能止，瞻卬昊天，云如何里！

077

瞻卬昊天,有嘒其星。大夫君子,昭假无赢。大命近止,无弃尔成。何求为我。以戾庶正。瞻卬昊天,曷惠其宁?

这首诗歌共八段,每段为十句,利用反复咏叹的手法,讲述宣王刚刚亲政就遇到这场严重旱灾的焦急与窘迫,刻画了周宣王为旱灾严重、饥民困苦而焦虑的心境。

诗歌前两段着重描写宣王姬静面对旱灾时的祭神祈雨过程。正是庄稼特别需要雨水灌溉的时节,可是老天不作美,天天骄阳如火,田地干旱,百姓已经陷入严重的饥荒之中,可是我姬静仰望天空,却一次次失望。天空依然是星河明朗,毫无降雨的迹象。

面临此情此景,姬静无奈长叹"何辜今之人?天降丧乱,饥馑荐臻",心底里更寻思:作为天子的我为百姓受苦祈祷,对皇天上帝祭祀虔诚,所贡献的牺牲丰美,圭璧珠玉也洁净圆满,可是我的皇天上帝为什么对民众的疾苦不闻不问,对我的祈求置之不理呢?难道皇天上帝已经把百姓的困境忘得一干二净了?还是我作为天子,哪些地方做错了,得罪了上天,他降下旱灾的目的是故意惩罚我吗?

诗歌的三、四两段则主要表达了宣王对旱灾的勇敢面对，要求民众正视问题，"旱既大甚，则不可推"，"旱既大甚，则不可沮"，残忍的旱灾不可阻挡，让我国的人民死亡惨重，以致出现国事日非的困境。再不降雨，国家就很危险了。我姬静用敬虔之心施行雩祭来祈求今年五谷丰登，皇天上帝还不为所动吗？我的先公先王们都是和我同呼吸共命运的，我对你们也虔诚敬拜，可是你们竟然也安心让我国的百姓遭受大难而袖手旁观吗？

诗歌第五段通过山河变色讲述当时的狂暴灾难。旱灾已经让山原干裂、河流干涸，这是皇天上帝要逼迫我的百姓流离他乡吗？我们到哪里去重建家园、安居乐业呢？

诗歌的第六段则是宣王姬静面对灾荒持续忧心如焚、失望痛苦之余的自我省察。如今这种困难应该不是我祭祀上天的不恭敬造成的，我刚刚登上君位，对上天敬虔诚恳，对百姓诚惶诚恐，没有犯什么大的过错，这场旱灾也许是皇天上帝对我国百姓和我的考验。

诗歌第七段则描述了宣王希望朝廷的君臣振作起来，不要堕落沉沦，而应与民同甘共苦。宣王鼓励和鞭策大臣、百姓不要抱怨上天，要坚持对美好生活的希望，在认真祷告上天的同时,更要加紧抗旱救灾。

诗歌最后以宣王姬静仰天长叹,祈求上天赐福给百姓而结束。

多难兴邦,周宣王以即位不久发生的大旱灾为历史契机,通过发布天下周知的求雨祭文,完美表现了自己爱惜民众、关心民众疾苦、与百姓心连心的政治形象,自然赢得了口碑,获得了民众的真心拥戴和朝廷大臣的诚心辅佐。

据说,在宣王发布祈雨文告后不久,一场大雨就如愿而至,持续许久的旱情得以消解。

老百姓对新政的盼望,也如同大旱之盼云霓一样。借助民心可依、民心可用、民心大顺的良好开端,周宣王开始逐步推进自己的政治革新了,就如司马迁在《史记》中说的:"修政,法文、武、成、康之遗风。"

周宣王像

第二节　推行新政

宣王的中兴举措具体表现在下列几个方面：

一、政治革新

（一）勤于政事，虚心纳谏

业精于勤而荒于嬉，治理国家，自然应该勤于政事，周宣王即位之后，孜孜不倦，乃至汉儒董仲舒曾赞叹其勤政说："夫周道衰于幽、厉，非道亡也，幽、厉不繇也。至于宣王，思昔先王之德，兴滞补敝，明文、武之功业，周道粲然复兴，此夙夜不懈行善之所致也。"

宣王勤于政事，乃至夙夜不懈，《诗经·小雅·庭燎》就是最好的说明：

夜如何其？夜未央，庭燎之光。君子至止，鸾声将将。

夜如何其？夜未艾，庭燎晢晢。君子至止，鸾声哕哕。

夜如何其？夜乡晨，庭燎有辉。君子至止，言观其旂。

这首诗歌较短，总计三段咏唱，每段只有五句，结构上以自问自答的形式，巧妙地勾画出周宣王姬静勤于政事的作风及关心他人的温润性格。诗歌第一段描述了天还没亮，宣王已起床更衣，前往议事大厅，看到天际已有晨曦微光，知道议事厅已经燃起蜡烛，又听到一阵阵銮声，宣王不由得一阵兴奋，知晓已有大臣早早入朝了。宣王刚一即位就肃清政治风气，从自身做起，为百官表率，严格上朝议事纪律，百官、内侍皆不敢懈怠于政事，诸侯公卿们也谨守君臣大礼，严肃而恭敬，纷纷按时上朝以待朝会。从诗中我们也可发现宣王姬静勤于政事、关心臣子、端正朝仪的为政新风。第二段诗文描写的情形是时间稍后，但夜晚还未完全过去，议事厅已经灯火通明，朝廷大臣入朝的銮铃之声络绎不绝，大家正纷纷来到。诗歌第三段是天渐向明，议事厅的灯火已经显得不像初时那般明亮。议事厅里群贤毕至，朝臣云集，大家和宣王一起抬头看院中的大旗，这些旗帜迎风招展，作为有品阶的大臣的地位象征，预示着大朝会即将正式开始。

  这首诗更生动地描绘了宣王早朝前与报时官的一番问答，展现了西周宣王甫一登基宫廷早朝的浩然景象，赞美了宣王勤于朝政，对自己要求端正、严格。东汉大儒郑玄解释说:"诸侯将朝,宣王以夜未央之时问夜早晚。美者,美其能自勤以政事;因以箴者,王有鸡人之官,凡国事为期,则告之以时。"

该诗全文虽未用比兴手法,也无更多词语修辞形容,但由远及近,层次分明,细致入微。有问有答,如见宣王;有光有声,如临朝会。其白描手法既捕捉到宣王上朝最具特点的情景,也细微地反映出宣王的心理活动和当时兴奋的心情。诗歌真挚凝练,让人读后深觉言有尽而意无穷。

宣王勤于朝政,纲纪严肃,上下振作,这是中兴气象出现的一大原因。

西汉刘向《列女传·周宣姜后》记载的故事也能说明问题:

周宣姜后者,齐侯之女也。贤而有德,事非礼不言,行非礼不动。宣王常早卧晏起,后夫人不出房,姜后脱簪珥,待罪于永巷,使其傅母通言于王曰:"妾之不才,妾之淫心见矣,至使君王失礼而晏朝,以见君王乐色而忘德也……敢请婢子之罪。"王曰:"寡人不德,实自有过,非夫人之罪也。"遂复姜后,而勤于政事。

083

汉儒多认为这讲述的是周宣王中年疏于政事，姜后脱簪以谏，宣王因之改过而勤于国政。其实这件事更可能发生在宣王即位初期。

宣王即位初，为稳定政权，争取诸侯的支持非常重要。齐国是东方大国，开国者是姜太公，太公在西周肇造中是第一元勋，因此天子曾经让召康公宣命姜太公，赐予齐国"五侯九伯，女实征之"的军事征伐特权，希望以齐国之强夹辅周室，安定天下。宣王即位之后，迎娶姜后，巩固姬姜联盟也是一种政治策略，因此姬静的婚姻自然有着浓厚的政治色彩。

姜后本是齐侯的女儿，可惜历史上没有留下她的名字，但这位王后从小就受到良好的教育。她不但长相姣好，更是一位贤德的美人，不合礼之言必不说，不合礼之事必不做，因此深得宣王宠爱。爱美之心，人皆有之，少年天子与绝代佳人彻夜缠绵，自然"春宵苦短日高起，从此君王不早朝"了。周宣姜后非常警惕夫君这种荒废政事的享乐行为，因此积极劝谏宣王爱美人更要爱江山，留下了"姜后脱簪"的典故。刘向曾称赞说："嘉兹姜后，厥德孔贤，由礼动作，匡配周宣，引过推让，宣王悟焉，夙夜崇道，为中兴君。"左芬也感慨："昭昭宣王，克复前制，亹亹姜后，乃激乃厉，执心至公，以恢明世。"

历史上的文人雅士也都津津乐道姜后的贤明旷达，我们从中也可看到即位不久的宣王善于纳谏、知错能改、勤勉政事的明君风范。

宣王的父亲厉王因为拒绝纳谏甚至杀戮"谤者"而被驱逐，宣王经过国人暴动的惊涛骇浪，自然明了独断专行、刚愎自用让百姓噤若寒蝉的严重危害，因此即位初他就频频告诫臣下"敬明乃心，用辟（弼）我一人""令汝惠雍（参谋）我邦小大猷……弗以乃辟陷于艰"。这两句话是希望僚佐们能够与他君臣同心、同舟共济，不要畏首畏尾，因担心自身利益而危害国事。

宣王为政开放包容，并不讳言父亲的政治教训，他总结厉王时的政局说："无唯正闻（昏），弘其唯王智（以王意是从），乃唯是丧我国。"这是将王的唯我独尊看作是国家灭亡的根本原因，从而主张政治要兼听则明，广纳民意。

宣王曾谆谆嘱咐大臣毛公说："弘唯乃智，余非庸又闻（昏），汝毋敢妄宁……毋折缄（闭口），告余先王若（顺）德。"这段话言辞颇为恳切，宣王希望心腹毛公能够发挥才能，他认为自己也不是昏庸之辈，大臣们要知无不言言无不尽，随时以先王的嘉言懿行规诫君王的行为。

周宣王广开言路、博采众议的胸怀，由此可见一斑。

（二）任贤使能

宣王见贤思齐，效仿文王访贤，渴慕治国的能臣干吏。据说《诗经·小雅·鹿鸣》就是描述宣王渴求贤才的诗篇，从中可见宣王朝礼贤下士的时风：

呦呦鹿鸣，食野之苹。我有嘉宾，鼓瑟吹笙。吹笙鼓簧，承筐是将。人之好我，示我周行。

呦呦鹿鸣，食野之蒿。我有嘉宾，德音孔昭。视民不恌，君子是则是效。我有旨酒，嘉宾式燕以敖。

呦呦鹿鸣，食野之芩。我有嘉宾，鼓瑟鼓琴。鼓瑟鼓琴，和乐且湛。我有旨酒，以燕乐嘉宾之心。

这首诗歌共三段，每段八句，都以鹿鸣起兴，从自然到政治、从头到尾都充满着明快的气质，充分展现了宣王时期西周王廷中群贤毕至、嘉宾云集、君臣同心、琴瑟合咏、互敬互融的完美政治情态。

从诗歌来看,当时的官场仿佛让人置身于无边无垠的美丽田野之中,有着一群呆萌可爱的小鹿惬意生活,它们一边吃着青草,一边发出鸣叫之声,此起彼伏,和谐动听,一如天籁。

诗歌用自然景象的恬静营造意境,进而融入宣王时期西周朝堂之上热烈而和谐的轻松舒畅,可谓水乳交融,恰到好处。

一般的君臣议事,往往严肃紧张有余,而轻松惬意不足,说是一潭死水也不为过,而宣王时期的中央却和谐宽松,一派欣欣向荣的景象。朱熹在《诗集传》中对此曾经解读说:"盖君臣之分,以严为主;朝廷之礼,以敬为主。然一于严敬,则情或不通,而无以尽其忠告之益,故先王因其饮食聚会,而制为燕飨之礼,以通上下之情;而其乐歌,又以鹿鸣起兴。"

西周是贵族等级社会,周天子和大臣之间有严格的礼制,所谓"礼辨异",自然会形成君臣之间的思想隔阂。

但西周实行的礼乐政治,在"礼辨异"的同时,还有"乐统同",也就是利用音乐等形式和谐人心,促进感情,消弭等级之间的矛盾。

宣王时期的朝廷多次举办宴会,天子与大臣在觥筹交错之间畅所欲言,从而使天子可以听到群臣的真话。

这首诗歌的第一段描述在鼓瑟吹笙的音乐大典中有侍从献上用竹筐盛放的尊贵礼物。这里献礼的应是西周时期的职官宰夫,《礼记·燕义》记载说:"设宾主饮酒之礼也,使宰夫为献。"

献礼之后,站在人群中央的宣王端起酒杯向嘉宾致主持辞:"人之好我,示我周行。"这句话翻译一下就是如今的"承蒙诸位光临,给我讲述展示人生大道的机会"。宣王特别表明希望大臣们在宴会上能够畅所欲言,无所忌讳最好。

诗歌的第二段大意如朱熹所论述的:"言嘉宾之德音甚明,足以示民使不偷薄,而君子所当则效。"也即赞美大臣们的高风亮节、淳德务实。这明显是宣王希冀臣下要廉洁自守,戒骄戒躁,以矫正官场的歪风邪气。

第三段反复咏叹，深化感情，希望君臣能够勠力同心，相敬相爱，最后几句更以"能饮一杯否"的情怀升华。最后的"燕乐嘉宾之心"，是宣王强调这次宴会并不是简单的吃喝玩乐，满足生理需要，而是要臣子们"安乐其心"，展现了盛宴的政治教化作用。

这首诗歌影响深远，直至东汉末年曹操作的《短歌行》，还引用了宣王此诗首段的前四句，这位三国枭雄同样表达了自己渴求贤才、一统天下的政治愿望。千余年后，宣王任贤使能的心声还与曹操有相当的共鸣，穿越时空，两人完全可以引为知己了。

比较起来，曹诗多了一些人生苦短、及时行乐的慨叹，其诗歌是忧从中来，有不可断绝的慷慨悲壮气质，也只是中间所引周宣王的"鹿鸣"四句显得欢乐舒畅一些，这大概是因为曹操身处三国分裂的政局，而宣王所在乃是一统求治的历史盛世，曹操肆意狂放，宣王温柔敦厚。诗歌的背景不同，性情各别，自然导致诗歌情境心声上的差异。

泰山不拒细壤，故能成其高；江海不择细流，故能就其深。宣王求贤，视野并不局限于贵族阶层，而是更深层地礼贤下士，大力搜求隐士山人。

这种视野有诗经的《鹤鸣》为之作证：

鹤鸣于九皋，声闻于野。鱼潜在渊，或在于渚。乐彼之园，爰有树檀，其下维萚。它山之石，可以为错。

鹤鸣于九皋，声闻于天。鱼在于渚，或潜在渊。乐彼之园，爰有树檀，其下维穀。它山之石，可以攻玉。

这首诗歌只有两段，每段九句。值得注意的是，两段用了四个比喻，文风一致，唯有韵脚差异。这首诗歌也是借景抒情，求贤若渴的宣王仿佛来到广阔的原野，这里空谷幽兰，天上人间，有震动四野的仙鹤鸣叫，便引诗情到碧霄；这里有"子非鱼，焉知鱼之乐"的惬意，一天到晚游泳的鱼儿如无忧无虑的隐士，或者像龙一样飞龙在渊，或者跳上海滩，龙驰原野一般；这里更有一座美丽的花园，园子里长满高耸云天的檀树，檀树之下则是满目的枯枝败叶。在园子一边，是一座座怪石嶙峋的仙山群峰，宣王想到这山上看似平淡无奇的石头却可以用来制作磨砺玉器的最佳工具，因此领悟到治国应该招用隐居山野的贤才,让他们焕发和氏璧般的光芒。

《毛诗序》认为这首诗歌是"诲(周)宣王也",《郑笺》也强调说:"诲,教也,教宣王求贤人之未仕者。"应该说见解是正确的。

为寻求贤人隐士,宣王曾派遣大量使臣到处咨询政事。使臣秉承宣王的命令,以天降大任的使命感,咨诹善道、广询博访,以期完成宣王的使命。《诗经·小雅·皇皇者华》正是对宣王礼贤下士、求贤能于民间的生动描述:

皇皇者华,于彼原隰。駪駪征夫,每怀靡及。

我马维驹,六辔如濡。载驰载驱,周爰咨诹。

我马维骐,六辔如丝。载驰载驱,周爰咨谋。

我马维骆,六辔沃若。载驰载驱,周爰咨度。

我马维骃,六辔既均。载驰载驱,周爰咨询。

这首诗歌大概是周宣王使臣出外访贤在途中的自咏作品。诗歌起首以"皇皇者华,于彼原隰"的自然之笔点描了一派纵横驰骋的快乐情境,让人们感受到为国操劳的使者风尘仆仆、效命天子的动人场面;诗歌再以四段文字尽情书写使者的骏马良驹,体现了"春风得意马蹄疾,一日看尽长安花"的盛况。诗歌反复讴歌骏马的主人"载驰载驱",把使节人数之多、驰骋的频繁、求访的辛苦、对天子的忠心展现得淋漓尽致。

全诗总计五段,每段四句,五段一气呵成,交相辉映。诗的首段,首先表明宣王交给使臣的任务。宣王告诉他们:"皇皇者华,于彼原隰。駪駪征夫,每怀靡及。"这段话委婉而情意动人,宣王关心慰问使臣为国工作的辛苦,又告诉他们要为君分忧,时刻反省时刻努力。诗的第二段到第五段则用反复手法表现使臣时刻不忘天子的叮嘱,为完成任务而四处求访。

第二段原诗是:"我马维驹,六辔如濡。载驰载驱,周爰咨诹。"前三句都是使节描述自己舟车劳顿的情形,第四句"周爰咨诹"则直接表明了宣王派遣他们的目的是"博访广询,多方求贤"。诗歌第三段到第五段与第二段基本一致,都是描述天子使节在为国服务中的威仪。因西周车马以四匹为制,故诗歌的章节也是四段结构。"周爰咨诹""周爰咨谋""周爰咨度""周爰咨询",其意义无非都是访求贤才,以此说明国家使臣在工作中不忘宣王之嘱托，不辱使命，随时随地以周天子的命令为宗旨。

诗歌气象开朗、生机盎然，正可见宣王初期大力延揽人才、开拓进取的旭日初升气象！

亲贤臣，远小人，此周初所以兴隆也；亲小人，远贤臣，此晚周所以倾颓也。

贤才能人是治理国家的重要智力因素。宣王致力于选拔各种人才，一时之间，群贤毕至，少长咸集，朝堂之上人才济济，蔚为大观。

史载，宣王在位期间，进用贤良，"樊仲山父、尹吉甫、程伯休父、虢文公、申伯、韩侯、显父、南仲、方叔、仍叔、邵穆公、张仲之属"都是一时之选。宣王时的"卿佐"不仅人数众多，而且各怀绝技。

如樊仲山父，又叫"樊仲山""樊穆仲"，《诗经·大雅·烝民》专门对此人进行歌颂。从史料可知，樊仲山父是周先祖太王古公亶父的后裔，虽家世显赫，但本人却朴实无华。他曾经务农经商，因此在民众之中有崇高威望。周宣王元年（前827年），樊仲山父受举荐入王室任职，担任宣王的卿士。他品德高尚，学高为师，身正为范，不侮鳏寡，打击强暴，匡补王命，谙熟政令，天子有过，他敢于进谏，"命使赋(布)""不畏强御""衮职有阙，维仲山父补之"。仲山父在宣王时期的突出政绩是主导了宣王倡导推行的经济体制改革，废除"公田制"和"力役地租"，全面推行"私田制"和"什一而税"，鼓励百姓开垦荒地，大力发展农耕商业，可谓是宣王朝堂十项全能的救火队长。历史小说《东周列国志》一开头就讲到仲山父，把他描述成宣王时期的太宰，将他与脱簪的姜后并提，说宣王得"外仲内姜"之助，才有"赫然中兴"的伟大成就。

镇守东夷、"城彼东方"的尹吉甫，更是难得的文武双全的杰出人才。

尹吉甫，兮氏，又名甲，字伯吉父（一作甫），尹是其官名。他既善于用兵，独当一面，曾经在周宣王五年指挥著名的太原战役，大破狁，威震天下；又长于出使，收取南淮夷贡赋；更是著名的诗人，《诗经》可能是他负责编纂的。《诗经》中不少诗篇是尹吉甫为歌颂宣王中兴时期的王朝之盛所作的，以致谢安石曾问他那位因咏柳而名垂青史的侄女谢道蕴《诗经》何句最佳，道蕴答道："吉甫作颂,穆如清风。"

《诗经·小雅·六月》称赞尹吉甫是"文武吉甫,万邦为宪"。西周以后的王朝把尹吉甫推崇为"忠义"至尊的化身,后来一直成为王公大臣做人为官的典范,因此关于他的传说、籍贯等在学界一直争论不休,一时蔚为大观。学者们都认为,尹吉甫作为西周宣王时代的重臣,于武功文治都建有重大的功业,是对华夏民族发展有突出贡献的著名政治人物。尹吉甫还是可信可考的西周的伟大诗人,他的多篇政治抒情诗保存至今,在思想和艺术上都相当成熟,其文学成就比战国时代楚国的屈原还要早四百年。论诗坛贡献先后,中国诗史应把他列在屈原前面。

南仲是宣王朝的名将,《诗经·小雅·出车》就是赞美他的英勇与忠心的作品:"王命南仲,往城于方。出车彭彭,旂旐央央。天子命我,城彼朔方。赫赫南仲,猃狁于襄。"南仲曾受命到朔方筑城讨伐西戎,取得大胜,稳定了西周的边陲,为周宣王的中兴立下了不朽功勋。

其他如率兵车三千辆南征荆楚、北伐猃狁的方叔,功勋赫赫,老当益壮,《诗经·小雅·采芑》表彰方叔说"显

095

允方叔，征伐猃狁，蛮荆来威"。作为指挥若定的军事统帅，方叔南征北战，不辞辛劳，对宣王中兴大业的贡献是有目共睹的。

郑玄就说："方叔先与（尹）吉甫征伐猃狁，今特往伐蛮荆，皆使来服于宣王之威，美其功之多也。"《旧唐书·太宗本纪》曾经感慨："周宣驱驰方（叔）、召（穆公），亦能制胜太原。"就连一向心高气傲的三国文豪曹植在《求自试表》中也禁不住赞叹："以方叔、邵虎之臣，镇卫四境，为国爪牙者，可谓当矣。"

因此周宣王为表彰方叔的皇皇功劳，赐方叔食邑于洛邑。后世更有恭贺用语"望隆方叔"，意思是有如方叔的崇高名望与声誉，南朝齐国的王俭在《褚渊碑文》中有"缉熙王旅，兼方叔之望"，甚至明清以后出现的一些方姓宗谱还多采用周大夫方叔之后的说法。

又如名将程伯休父。父，一作甫，休父可能是其字。程伯休父长期担任周军司马，曾率六师出征讨伐徐国，《诗经·大雅·常武》中赞叹他："左右陈行，戒我师旅。率彼淮浦，省此徐土。"因在平定南土的战役中立下大功，周宣王允许他以官职为姓，其后遂成司马氏。

《史记·太史公自序》记载："唐虞之际，绍重黎之后，使复典之，至于夏商，故重黎氏世序天地。其在周，程伯休父其后也。当周宣王时，失其守而为司马氏。司马氏世典周史。惠襄之间，司马氏去周适晋。晋中军随会奔秦，而司马氏入少梁。"可见太史公司马迁也为是程伯休父的后裔子孙而自豪。

对在对外征伐中取得胜利的重臣元勋，宣王都给予了较丰厚的赏赐，包括奴隶、马匹、弓矢、荣誉等。通过丰厚的赏赐，一方面奖励将臣对安邦定国所做的杰出贡献，另一方面也将这些干将大员紧密地团结在周天子周围，从而保证了西周王朝统治阶层内部的和谐稳定。

宣王求贤若渴的精神影响深远，及至春秋时东周王廷的王子朝在遍告各诸侯国的文书中还特别提到"宣王有志，而后效官"，可见宣王当政时确实有志于振兴周室，而当时的各级官吏也能够各显其能。由于周宣王在政治上的改革措施得当，宣王朝呈现出人才济济、上下一心的兴旺景象。

（三）整顿刑法

鉴于厉王时因滥施刑罚、杀戮无辜而造成国人暴动的严酷教训，宣王即位后便下令整顿刑事机构、整饬执法。宣王对司法官吏宣告命令说："勿使暴虐从狱，爰夺爰行道，厥非正命，乃敢疾讯人，则唯辅天（普天）降丧，不廷（不从）唯死。"

从这段金文材料可以看出宣王明确规定了官府在行政司法上应当慎用刑法，不能使用暴虐的手段对待犯人，更不允许寻找借口在街道上打劫掠夺；如果没有正式的命令，不得随便拘捕审讯嫌疑人。这些禁令，对当时一些为非作歹的贪官污吏来说，无疑是当头棒喝。

（四）改善君臣关系

周王室和诸侯的统御关系，自周夷王烹杀齐哀公之后，矛盾激烈，史载"当周夷王之时，王室微，诸侯或不朝，相伐"。至周厉王时，因为任用"好专利"的荣夷公为卿士，王室与诸侯关系更趋恶化，"诸侯不享"很多年，拒绝向王室朝贡。

宣王重执权柄，关键在于稳固和加强统治集团内部的凝聚力，形成贵族利益共同体，达成共识。因此宣王积极奉行"亲亲以睦友，友贤不弃，不遗故旧，则民德归厚"的原则。

万事开头难。这个时候，曾经收养姬静的老臣召伯虎再一次挺身而出，帮助宣王备办筵席，希望可以收揽人心。《诗经·伐木》记载了这件事：

伐木丁丁，鸟鸣嘤嘤。出自幽谷，迁于乔木。嘤其鸣矣，求其友声。

相彼鸟矣，犹求友声。矧伊人矣，不求友生？神之听之，终和且平！

伐木许许，酾酒有藇。既有肥羜，以速诸父。宁适不来？微我弗顾！

於粲洒扫，陈馈八簋。既有肥牡，以速诸舅。宁适不来？微我有咎！

伐木于阪，酾酒有衍。笾豆有践，兄弟无远！民之失德，乾餱以愆。

有酒湑我，无酒酤我。坎坎鼓我，蹲蹲舞我。迨我暇矣，饮此湑矣！

这首诗歌一共三章六段,每段为六句,作者是宣王的义父、大臣召伯虎。诗歌第一章以鸟类之间的求偶相合类比君臣之间的和谐相处,认为这是符合上帝的心意的;第二章则叙述他受宣王委托备办筵席宴请诸侯时诚惶诚恐的心情,以及宴会的热闹与喧哗;第三章则从宴会升华感情,集中写宣王、诸侯与受邀而至者醉饱歌舞之后的兄弟之爱、君臣之谊。诗歌最后以召伯虎代王宣告下次再约结束。

《伐木》诗以伐木这一平常事件起兴,召伯虎循循善诱,讲述宗族团结的难能可贵,号召宣王治理下的民众——无论贵族、平民还是诸侯外邦,在新主即位后,都应抛弃成见,拆除藩篱,相互关心,彼此帮助。

除首章的引言部分,其他都多角度描述了召公主持的这次宴饮的盛况。宴饮是西周统治者建立威信和联络诸侯的重要政治仪式。诗歌开头意境悠远,先以砍伐树木的"丁丁"声和小鸟欢叫的"嘤嘤"声切入,让人们仿佛来到一个远离红尘烦恼的世外桃源。

在这世外桃源之中,鸟儿自由自在地在幽兰空谷中回荡歌声。大臣和诸侯仿佛是孤独的劳作人，沉浸在良鸟无木可以栖息、良臣无主可以侍奉的郁闷之中，从而生动刻画了周厉王暴政下朝臣们的彷徨心态。

而今宣王即位，万象更新，大臣召伯虎强调应该君臣同心，号召宗族、诸侯携手前进，同呼吸共命运，为王室出力，可谓讲亲情、谈友谊。诗歌从人情伦理入手，不谈政治而处处暗含政治。君臣之义，悠悠老臣谋；家国天下，坦荡赤子心。

第二章起首用语与首章基本重叠，整齐而富于变化，顺势自然。诗歌把这场筵席的热闹场面娓娓道来：美酒甘甜、羊羔肥嫩，美食琳琅满目，干净宏阔的大厅中，宣王和召公诚心诚意地操持。

被邀请的诸父是指同姓的诸侯，诸舅是异姓的。召伯虎召集他们一起前来赴会，可谓诚意拳拳、希望殷殷，唯恐出现一点差错，这种"患得患失"的描写细微动人，是完全真实的。由此可见宣王对待诸侯的态度非常诚恳，对政治联盟合作的诉求也是坚定不移的。

召伯虎在诗歌中批评了诸侯之间、诸侯与周天子之间不顾情谊、破坏感情的行径，讥刺了君臣彼此猜忌的歪风邪气，严肃地指出这样的政风是不利于重振祖业、建设西周盛世的。

诗歌的第三章分为两个部分。前半部分承前启后，继续描述宴会盛况，同时升华感情，"笾豆有践，兄弟无远"！召伯虎明确表达了这样的政治理念：无论长幼亲疏，大家都是兄弟，兄弟就应相亲相爱，彼此扶持，共尊天子宣王。可以说，这是召公召集宴会的最终目的所在。

第三章的后半部分是高潮总结，由宣王向诸侯敬酒，宾客同欢，表达了宴会的欢乐与和睦亲善，把宣王革新之初朝堂上的团结一致、气氛和谐、令人鼓舞展现得尽善尽美。

除了宴会，宣王也通过射猎等方式达到凝聚人心、结好宗亲的目的，更借修筑宗庙、祭祀先祖之机，发出"兄及弟矣，式相好矣，无相犹矣"的呼吁，希望诸侯贵族能够心安其位，忧宁共处，并申明自己作为天子和家族大宗主的至高无上的地位，希望诸侯们拱卫王室，为国分忧。

西周举行田猎活动，常有军事训练和军事演习的作用。周宣王会同诸侯狩猎，有政治军事的特殊目的。周王朝在厉王时期，社会动荡不安，各种礼仪制度遭到破坏，诸侯亦离心王室。宣王继位后，志在复兴王室，一面治乱修政，一面加强军事统治。宣王在东都会同诸侯田猎，一则和合诸侯，联络感情；二则向诸侯显示武力。宣王九年，"会诸侯于东都，遂狩于甫"，《诗经·小雅·车攻》专门描写了宣王此次盟会诸侯而选车马一事。

我车既攻，我马既同。四牡庞庞，驾言徂东。
田车既好，田牡孔阜。东有甫草，驾言行狩。
之子于苗，选徒嚣嚣。建旐设旄，搏兽于敖。
驾彼四牡，四牡奕奕。赤芾金舄，会同有绎。
决拾既佽，弓矢既调。射夫既同，助我举柴。
四黄既驾，两骖不猗。不失其驰，舍矢如破。
萧萧马鸣，悠悠旆旌。徒御不惊，大庖不盈。
之子于征，有闻无声。允矣君子，展也大成。

这是一首动人心魄的长篇军事抒情叙事诗。全诗八段，每段四句，一气呵成，可谓生动细腻，刻画传神，把宣王大集诸侯射猎的场面像电影画面一样展现在世人面前。

《墨子·明鬼篇》阐释:"周宣王会诸侯而田于圃,车数万乘。"《毛诗序》对此诗歌宗旨也注解说:"宣王内修政事,外攘夷狄,复文、武之境土,修车马,备器械,复会诸侯于东都,因田猎而造车徒焉。"清人胡承珙更援引史实详加证明:"成康之时,本有会诸侯于东都之事。《逸周书·王会解》首言成周之会。孔晁注云:王城既成,大会诸侯及四夷也。《竹书》成王二十五年大会诸侯于东都,四夷来宾,皆其明证。宣王中兴,重举是礼,故曰复会。"

我们来看这首诗歌。诗歌的第一段是全诗的诗眼,用四句话写出了这次大会的车马华美与隆盛,车辚辚,马萧萧,旌旗猎猎前往东都城演习。虽然只有十六个字,但无不流淌着宣王大会诸侯的自豪与自信。

第二、三段告诉我们具体的演习地点是在圃田和敖山,在这里,演习已经万事俱备。演习场上严阵以待,蔽日旌旗,雄壮军威,显示出仁义天子大军的虎贲之气、仁义之风。第四段描写四方诸侯前来朝拜。君臣的队列无不整齐划一,天子与诸侯服饰华美,排列有序,体现了宣王时期国内政治趋于稳定的状况。第五、六两段则集中展现射猎的热闹盛况。士卒在周天子面前气势如虹、百发百中,把宣王统率下的周王朝大军无坚不摧、所向披靡的无敌战力表现得栩栩如生。第七段描绘军事演习胜利结束,日落西山红霞飞,战士高歌把营归,可谓硕果累累,大获成功,将帅们整队收兵军纪严明。

关于宣王这次军事演习的目的,清人方玉润说得最是明了直白:

此举重在会诸侯,而不重在事田猎。不过籍田猎以会诸侯,修复先王旧典耳。昔周公相成王,营洛邑为东都以朝诸侯。周室既衰,久废其礼。迨宣王始举行古制,非假狩猎不足以慑服列邦。

综上可知,宣王同诸侯田猎、大宴群臣,突出了周天子与诸侯之君的地位差别。通过这两种形式,宣王将统治形式的核心宗统和君统紧密联系起来,有效维护了自己的最高统治。

宣王意志坚定、手段高明，经过几年的努力，使得厉王时比较紧张的君臣关系得到有效的缓和。《诗经·小雅·吉日》写到诸侯在宣王田猎之时，"悉率左右，以燕天子"，《毛传》释读说"驱禽之左右，以安待天子"，可见在田猎现场臣下乃至诸侯对宣王的真切关心。"能慎微接下，无不自尽，以奉其上焉。"此说显然是有充分根据的。

还有一篇"美宣王之德"的《诗经·大雅·假乐》歌颂道："威仪抑抑，德音秩秩。无怨无恶，率由群匹（辅佐）。……百辟卿士，媚于天子。不解（懈）于位……"宣王的政治威望，百官对这位英武天子的拥戴，君臣上下关系的融洽和谐，都跃然纸上。

《史记·周本纪》称："宣王……修政，法文、武、成、康之遗风，诸侯复宗周。"宣王初年王命蹶父如韩，韩侯随之来朝。《诗经·大雅·韩奕》就是描述这次韩侯来朝觐见天子盛况的。另有一篇《诗经·小雅·庭燎》，也是赞美周宣王与诸侯关系的。它们共同反映了宣王执政时期积极改善君臣关系，以至出现了"诸侯复宗周"的中兴局面。

二、新经济政策

在政治上实行新政、咸与维新的同时,鉴于国人暴动之后国家出现的生产荒废的局面,宣王积极采取了以恢复农业生产为第一要务的新经济政策。鉴于井田私有化在西周中晚期已成基本事实,宣王更采取了"不修籍于千亩"、"料民于太原"和"锡田"等变革经济制度的大胆举措。在这些举措中,井田从公有向私有化方向的转变,无疑意味着新生产关系的萌芽。周宣王在新生产关系的萌芽还相当微弱之时,即以其敏锐的目光洞察到了社会深刻变化的苗头,进而采取经济变革的重大举措,足见他的远见卓识和开拓进取的改革精神。

(一)安抚流民,发展生产

当时正值周厉王的专利政策失败,国人暴动及共和行政之后,西周的政治经济全面处于危机状态。田野荒芜,农民逃散,贵族与平民之间的矛盾加剧,不少人沦为寇盗。

《诗经》的部分诗篇对其时百姓的生活境况及逃亡原因等有详细的描述。例如《诗经·国风·伐檀》是一首"刺贪"之诗，其序说西周的当权贵族"在位贪鄙，无功而受禄"，正反映了宣王改革之前国家的经济情形。

西周建国以来井田公有性质的部分改变，以及伴随井田性质改变而出现的国家财政困难，使得当时的社会经济几乎濒于绝境。

民为邦本，民心向背关系着国家生死存亡，协调政府同人民的关系乃是宣王的经济要务。面对这天灾人祸、流民四起、社会离散的混乱局面，为振兴西周王朝，摆脱内忧外患的困境，宣王果决地摒弃厉王的"专利"政策，在社会经济方面采取了若干具有革新特点、尊重事实的重要举措，并初步形成了制度。

宣王的首要措施是"安集兆民"，宣王"遣侯伯卿士之使，皆就而劳来"，让百姓合聚而复其居业，使鳏寡孤独皆蒙赡养而得其所，让人民回到土地上来。

《诗经·小雅·鸿雁》记述了宣王的这一英明决策：

鸿雁于飞，肃肃其羽。之子于征，劬劳于野。爰及矜人，哀此鳏寡。

鸿雁于飞，集于中泽。之子于垣，百堵皆作。虽则劬劳，其究安宅？

鸿雁于飞，哀鸣嗷嗷。维此哲人，谓我劬劳。维彼愚人，谓我宣骄。

《毛诗序》注解此诗说："美宣王也。万民离散，不安其居，而能劳来还定，安集之，至于矜寡，无不得其所焉。"《郑笺》也说："宣王承厉王衰乱之敝，而起兴复先王之道，以安集众民为始也。"

宣王把安抚流居作为先王之道，作为首要经济任务来抓。

当时宣王派遣使者到全国各地救济流民，方玉润《诗经原始》云"使者承命安集流民"，可谓费尽辛苦。而孔颖达《正义》则进一步阐发说："鸿雁性好居泽，今往飞而集于泽中，得其志也，以兴万民亦情乐处家。今还归而止于家中，亦得其欲也。"

宣王安抚流民，使得这些"鸿雁"都安定下来从事生产。"今虽劳苦，而终获安定也。"这一项改革措施立足农耕，收复了人心。

《古本竹书纪年》曾记载"宣王元年，复田赋"，可见宣王初一登位,改革经济、力图振作的意愿有多么强烈。

对逃避赋役、灾荒而离散的万民,宣王尽量召集他们回到原籍,并安排他们建好住宅定居下来,恢复农业生产,这就为以后国家征收赋税创造了良好的前提条件。流民陆续定居之后,宣王接着发布诰令要减轻赋役,严禁像厉王那样对农民敲骨吸髓式的贪婪盘剥。他曾经叮嘱朝廷重臣毛公说:"毋顉于政,勿雝建庶民。贮(赋),毋敢龏橐(中饱),龏橐乃侮鳏寡;善效乃友正,毋敢湛于酒。"郭沫若考释说:"凡此所言禁制,均针对厉王往事而言:厉王禁谤,是塞民意也;厉王好利,是横征暴敛,鱼肉鳏寡也;厉王时'荒湛于酒',是官纪败坏,酗于酒德。宣王谆谆以此为戒,均痛定思痛之意。"宣王对毛公的告诫,也是对各级官吏的苦心训导。

宣王认识到农事乃家国天下自古以来的根本。他对主管农耕的官吏严加管教,由于底层赋役的相对减轻,农民的生活必然好转。

宣王之时西周农业生产的复苏在《诗经·周颂·载芟》中就有形象描述:

载芟载柞，其耕泽泽。千耦其耘，徂隰徂畛。侯主侯伯，侯亚侯旅，侯彊侯以。有嗿其馌，思媚其妇，有依其士。有略其耜，俶载南亩，播厥百谷。实函斯活，驿驿其达。有厌其杰，厌厌其苗，绵绵其麃。载获济济，有实其积，万亿及秭。为酒为醴，烝畀祖妣，以洽百礼。有飶其香。邦家之光。有椒其馨，胡考之宁。匪且有且，匪今斯今，振古如兹。

作为一首形象描写宣王主政时期春种夏长秋收冬祭详细过程的农事诗，《载芟》全诗总计三十一句，层次清楚，结构完备，全方位展示了宣王革新之后西周社会农垦、收割和祭祖的全过程，突出体现了中兴时代农业劳动的朝气勃发和集体生产下民众获得大丰收的喜悦。

如果硬要分段，诗歌的前二十一句可以视为第一部分，主要讲述农业生产和收割流程，而第二部分则主要是祭祀活动。

诗歌的前四句以农业的集体耕作开篇。这完全是一个大生产的热闹场面，农民有的在割草，有的在挖树根，大片大片的土地上有成群结队的农夫，在低洼地和高坡田之上星罗棋布,"千耦其耘",壮观雄伟。诗歌的第五句到第十句如举手报到一般,把参加春耕的男女老少都唤上场子,各司其职。美丽的姑娘、能干的男人坐在地畔狼吞虎咽地吃着送来的饭,有说有笑,田野里流淌着庄稼的阵阵香味。西周时代的家庭实际是大家族,以族长为核心,众多兄弟、子孙多代同居,这种土地分配和家庭结构与集体性农业大生产相配的复杂形式,在诗中生动地反映了出来。

诗歌的第十一句到第十五句描写西周的播种过程,锋利无比的耒耜在神奇的土地上散播希望,种子在阳光和雨露之中生根、成长,用不了多久就枝繁叶茂了。这真实反映出宣王时期农业技术的巨大进步。考古证明青铜农具在这一时期的推广,极大地促进了农业生产力的发展。第十六句到第十八句则是对田间管理的描写。经过农夫的精心管理,谷物长势喜人。

接着的三句写农业生产取得的大丰收。诗歌用"万亿及秭"的夸张修辞描绘了谷物在露天场合堆放得如同高山。"万亿及秭"一句是全诗的关键环节,此句以上是对宣王时期农业生产的描写，而此句以下则是祭祀和祈祷活动了。

第二部分主要是农耕社会的祭祀活动。前七句描述制酒祭祀，是诗歌的宗旨所在，表明西周社会农业生产是为报答先祖先王，荣耀家国，安定民生；诗歌最后三句是向神祈祷之辞，希望皇天上帝保佑老百姓家家康泰、年年丰收。

有学者说："此篇春耕夏耘，备言田家之苦；秋获冬藏，极言田家之勤。至于烝祖妣，洽百礼，供宾客，养耆老，于慰劳休息之中，有坚强不息之神焉，有合众齐力之道焉，有蟠结不解之势焉。是以起于陇亩之中，蔚开邦家之基；以一隅而取天下，其本固也。"

这段话可谓生动形象地展示了宣王中兴之后，周人经济富庶、安居乐业、自信有为之精神气质。

"民以食为天"，有了粮食心不慌，人民才能过上安稳的日子。

《诗经·周颂·载芟》和《诗经·周颂·良耜》是西周宣王时期农业大发展的真实写照，当时农业经济的繁荣场面由这两首诗即可窥见。

（二）不籍千亩，推行彻法

宣王在位期间，不恪守成规、刻舟求剑，而是敢为天下先，在经济改革中采取了具有革新特点的经济举措——"不修籍于千亩"，一时间成为臣民争议的焦点。

"修籍"是西周早期由天子与诸侯共同主持，每年民间春耕开始前，在"籍田"上举行亲耕之礼，以做民众农耕典范的重要经济制度。《史记正义》所引应劭"古者天子耕籍田千亩，为天下先"之论说，就是这个制度的重要文证。

"普天之下，莫非王土"，"修籍"之田原来是王室公田，即具有公有性质的井田的一部分。"修籍"之制与井田制相伴而生，并以其为基础。这充分说明，"修籍"制度的命运完全取决于井田制度的稳固与发展，也必然随井田制的瓦解而走向消亡。

"修籍"之田平时主要是征用民力耕种，只在每年春季适逢王畿春播之前方由天子举行亲耕之礼。西周天子举行亲耕之礼，本意在于向耕种井田的农夫垂范农业为本，以激励农夫勤于耕作，是祈求国家农业丰收、实现安居乐业的礼乐政治的重要仪式。周天子"籍田"的大致位置当在关中地区的西周王畿之内毗邻王宫的某块土地，因此"修籍"既是西周天子与诸侯们相承已久的一种重农传统，同时也是一项重要的农业经济制度。

鉴于广大农民流离失所、国家财政入不敷出的现状，宣王断然摒弃了"修籍"这一传统农业经济制度，采取了"不修籍于千亩"，这种"大逆不道"的行径自然让传统贵族瞠目结舌。《国语·周语上》记载此事在宣王即位初期："宣王即位，不籍千亩。"而《史记·周本纪》则把这件事记在宣王十二年以后，之所以有这样的误差，大概是因为从宣王不举行籍田礼到西周整个地租制度的改革有一个渐进改变乃至十余年方得完成的漫长过程。

对宣王这一重大经济举措，自然是非议汹汹，当时的朝廷重臣虢文公就极力进行劝谏，对此《国语·周语上·虢文公谏宣王不籍千亩篇》作了如下记载：

宣王即位，不籍千亩。虢文公谏曰："不可！夫民之大事在农，上帝之粢盛于是乎出，民之蕃庶于是乎生，

115

事之供给于是乎在,和协辑睦于是乎兴,财用蕃殖于是乎始,敦庞纯固于是乎成,是故稷为大官。……王乃使司徒咸戒公卿、百吏、庶民,司空除坛于籍,命农大夫咸戒农用。……今天子欲修先王之绪而弃其大功,匮神乏祀而困民之财,将何以求福用民?"

籍田,诚如虢文公所说,"上帝之粢盛于是乎出","事之供给于是乎在","财用蕃殖于是乎始"。籍田属于公田,是征发农民义务耕种的,也就是实行力役的经济管控、指定服役的办法,因此"修籍"问题事关政治民生,它与西周庶民百姓的生计、社会的安定、王朝的兴盛、继承先王的治国传统等息息相关。

既然如此,刚刚继位的周宣王为何还是要摒弃"修籍"这一传统的农业经济制度呢?虢文公在谏言中所说"修籍"制度的多方面作用,实际上是西周初年这一制度尚能适应井田制度时的情况。至周宣王时期业已时过境迁,宣王不能再守株待兔了。"修籍"制度存在的社会前提条件即井田制度已经发生了新的变化,出现了"无田甫田,维莠骄骄""无田甫田,维莠桀桀"的不治荒废现象。

116

因此，具有社会变革思想的周宣王摒弃"修籍"制度，是顺势而为、大胆变革农业经济制度的行动，而虢文公的主张则是刻舟求剑、不知变通的僵化思维了。

在废弃"修籍"制度后，宣王更改行"彻"法。

《诗经·大雅·崧高》篇曾记载"（宣）王命召伯，彻申伯土田"。朱熹《诗集传》对"彻"做过解读："彻，定其经界，正其赋税也。"《诗经·大雅·江汉》篇亦记："王命召虎。式辟四方，彻我疆土。"对于彻法和传统的助法，《孟子·滕文公上》解释得较为清楚："彻者，彻也；助者，籍也。"可见"彻"和"助"（籍）是两种完全不同的经济管理方式。孟子更精辟地指出"惟助为有公田"，清人崔述据此论断"则是彻无公田甚明"，也就是彻法与公田是完全无关的经济剥削新方法。

很显然，周宣王废"籍"而行"彻"，就是把征发农民到公田上耕种的力役地租制改为取消公田而向农民"彻取物产"的实物地租制，这是西周时代劳动者人身获得解放的里程碑事件。

虽然虢文公指责宣王的这种做法是"匮神乏祀而困民

之财"，韦昭注解说"匮神乏祀，不耕籍也；困民之财，取于民也"，但是应该肯定，从力役地租到实物地租是经济管制方式的重大进步，这也是西周开国以来生产力发展、社会经济水平提升的必然结果。在实物地租制下，劳动已不再在地主或地主代表的直接监督和强制下进行。驱使生产者从事生产的已经是各种关系的力量，而不是直接的强制；是法律的规定，而不再是鞭子，他们已经是自己负责来进行这种劳动了。

宣王果决地取消籍制而改行彻法，大大提高了西周农

古代画像砖上的牛耕

民从事农业生产的积极性，促进了西周经济的进一步发展。这很像新中国20世纪80年代初搞的包产到户的家庭联产承包责任制，都是符合人性、顺应历史的经济改革。

（三）料民太原

"料民于太原"是周宣王采取的具有革新特点的又一重要经济举措，这有力地瓦解了家族宗法制度，个体生产者不再完全依赖家族，而是成为独立的生产单位。先秦时期个体人的独立启蒙运动从此开始蓬勃发展。

"料民"一词始见于《国语·周语上》，后来《史记·周本纪》也对"料民"问题做了简要的记载：

宣王既亡南国之师，乃料民于太原。仲山父谏曰："民不可料也。"宣王不听，卒料民。

一般在解读宣王"料民"问题时，多根据"宣王既亡南国之师，乃料民于太原"的记载，认为宣王"料民"是调查全国户口，其目的在于军事失败之后的补充兵力，是迫于政治需要的临时举措。其实不然，《国语·周语·仲山父谏料民》对周宣王"料民"问题有着最早、最详尽的记载。其全文如下：

宣王既丧南国之师，乃料民于太原。仲山父谏曰："民不可料也！夫古者不料民而知其少多，司民协孤终，司商协民姓，司徒协旅，司寇协奸，牧协职，工协革，场协入，廪协出，是则少多、死生、出入、往来者皆可知也。于是乎又审之以事，王治农于籍，蒐于农隙，耨获亦于籍，狝于既烝，狩于毕时，是皆习民数者也，又何料焉？不谓其少而大料之，是示少而恶事也。临政示少，诸侯避之；治民恶事，无以赋令。且无故而料民，天之所恶也，害于政而妨于后嗣。"王卒料之，及幽王乃废灭。

《说文解字》释"料"云："料，量也。"段玉裁注解也说："量者，称轻重也。称其轻重曰量，称其多少曰料，其义一也。知其多少，斯知其轻重也。……引申之，凡所量度豫备之物曰料。"《史记集解》引韦昭语说："料，数也。"据此可知，凡量度、统计数量多、个体大之物，均可用"料"字。至于"民"字之含义，《说文解字》云："民，众萌也……凡民之属皆从民。"若参考段玉裁及《辞海》之解释，可以肯定凡从事农耕生产的庶人百姓皆可称为"民"。我们认为，西周时期的"民"实际上是指从事农业生产的劳动者。

《国语》的上述记载，大致可分为三部分来审视："宣王既丧南国之师，乃料民于太原"一句为第一部分。这部分是《国语》作者的话，其表达的是宣王"料民"的时间在周"既丧南国之师"之后，也就是宣王的中兴危机出现的执政后期。仲山父的谏言为第二部分。这部分主要有三层含义："民不可料也"一句讲的是第一层意思，其中仲山父告诫宣王"民不可料"，即是说"料民"会出现严重后果；从"夫古者不料民而知其少多"至"又何料焉"讲的是第二层意思，这一层是说仲山父谏宣王时，利用历史经验和教训、先王旧典论断西周之"民数"本已皆知，宣王"料民"是不必要的；从"不谓其少而大料之"至"害于政而妨于后嗣"讲的是第三层意思，这一层是说宣王若执意"料民"必然带来严重后果，即导致"诸侯避之""无以赋令""天之所恶""害于政而妨于后嗣"。"王卒料之，及幽王乃废灭"是这篇文章的第三部分。这一部分也是《国语》作者的话，主要讲的是宣王拒纳仲山父谏言，最终导致幽王时西周"废灭"，其言下之意是说仲山父谏宣王"料民"的话完全正确，而宣王没有采纳，最后付出了西周灭亡的惨痛代价。

其实，仲山父谏宣王的动机或意图很让人生疑。仲山父是站在历史的角度和西周贵族的立场上劝谏或警告宣王的。仲山父虽然协助宣王主持了初期的经济体制改革，即废除"公田制"和"力役地租"，推行"私田制"和"什一而税"，安抚流民，鼓励农民开垦了大量的荒地，全力发展国家商业等；但在这一问题上的谏言表明这位贤相没有跟上历史的发展趋势，而是恪守祖训，可谓忧国忧民之心可表，思维却有些老化了。

看来仲山父对宣王采取"料民"举措的本意不够了解，所以谏言与宣王"料民"关系并不大。从仲山父的谏言中，我们无法得知宣王"料民"的本意是否单纯是为了调查户口，也不知其目的是否完全在于补充兵员。宣王"丧南国之师"，是宣王中兴所遭受的一次极为惨重的军事失败，此后宣王政府要继续保持强大，重建"南国之师"势在必行。按理说，西周重建"南国之师"，应从全国各地或若干地区征集兵员，可是宣王却仅仅在太原一地

"料民",仅从太原一地征集兵员。可见,有的学者关于宣王去太原料民,意在调查户口和补充兵力之说是不能成立的。

"料"字另有一层含义,《广雅·释诂》说:"料,理也。"若将"理"字与"民"字相联系,那便是"理民",这显然不仅仅指调查户口这一个含义。鼓励农耕、征收赋税、征发劳役、征集兵员、实行刑讼及各种经济政策调整等,也都在"理民"的范围之内。

周宣王不去别的地方,而仅仅去太原"料民"的原因,自然与太原当时的特殊情况有关。从文献记载得知,原本来是戎狄游牧之地,具有宜牧宜农的经济条件。至宣王时,戎狄被西周大军击败,太原为朝廷所控制。西周的流民逐渐逃亡到太原,并从事农耕生产,太原成为独特的王化未及之地。

由于当时的井田已经出现了私有化现象,因此,逃离井田羁绊之"民",在太原不再采用井田制度,而西周王朝也未能将井田制度推广到那里。这就是说,逃亡到太原之"民",极有可能在农耕生产中采取了一家一户的个体经营方式。同时，由于西周王朝在太原尚未确立有效的行政管理制度，所以也未征收赋税。宣王前往太原"料民"，其意图实际上主要是顺应时势变化，查看逃亡至太原这一新开拓地区之"民"的生产状况，核查、登记户口，以及调查他们有无承担赋税的能力等，以便改革赋税制度，重振西周的王室经济。

而且从太原做起，将之视为一个改革的试验田，如同改革开放初年的深圳一样，对这块新地区的新政策都带有试水的性质。在新地区推行新政，再计划推而广之，可以减少改革的阻力。

宣王料民于太原，大致有三个方面的意义：首先，消除了周族与非周族之间的民族分野，授予非周民族庶民百姓服兵役的资格。宣王以前，在"非我族类，其心必异"的思维下，非周族人是没有服兵役的资格的。作为被征服民族的大批普通民众，只能为周王室及贵族耕种公田，而周族民众则服兵役、出军赋而可能不必耕种公田，即出地租的不出军赋、出军赋的不出地租。鉴于军事方面的失败，宣王急需开辟新的兵源，正是在这一新的形势下，他毅然力排众议，一改旧制，赋予外族人服兵役的资格，这无疑提高了他们的社会地位，消除了国野之间、周族与异族之间的界限，缓和了社会矛盾，大大拓展了西周王室的兵源和税源。其次，宣王越过各级领主，打破宗族家族藩篱，直接统治民众，有利于强化王权。在西周分封制下，周天子直接统辖的土地、人口其实非常有限，仅限于王畿之内，并不直接对占人口多数的广大村社进行管理，王畿以外的广大土地和人口委托分封出去的诸侯领主管理。随着周国力的衰微，周王难以通过各级领主进行有效的经济政治统治。而"料民"的改革举措使周宣王得以越过各级领主，利用登记户口的措施直接控制民众，这样既强化了王权，又削弱了各级贵族领主的力量，自然遭到贵族阶层的激烈反对。

宣王的料民政策加速了旧经济制度的瓦解，这是与"不籍千亩"政策相配套的。"不籍千亩"之前，西周的封建领主是以家族为单位实行统治、指定服役的，并不需要掌握公社的户口人数；"不籍千亩"之后，宣王将指定服役改为实物地租，家族的个体得以分离出来，成为匹夫匹妇,便需要登记户口,作为授田、课收实物地租的基本依据。西周建国以来农村公社遂逐渐失去了继续存在的必要而加速走向瓦解,小农经济得以初步确立,西周的封建领主等级制度开始向专制君主集权制度过渡,宣王于此过渡中的贡献是巨大的。

(四)易田

"易(赐)田"即赏赐臣下井田,这是周宣王所采取的另一项具有革新特点的重要经济举措。

周宣王"易田",与西周一直实行的井田制度密切相关。井田制有一个基本特点,就是实行这种制度之初土地完全属于天子,即土地属于以周王为代表的国家所有,不存在事实上的私有土地,"普天之下,莫非王土"。《礼记·王制》说"田里不粥(鬻)"就是土地国有的有力证明。因此,周天子以外的任何人把井田当作可以任意支配的财产与他人进行交换或者赏赐他人都是违背井田制度的。

宣王时期,这一经济基础发生了显著变化。大克鼎是宣王时所铸铜鼎,其铭文中之"易女(汝)田",是指宣王时向贵族的赐田活动。如铭文云:"克,易女田于埜;

易女田于俾；易女井家𠡠田于畍山，以氒臣妾；易女田于康；易女田于匽；易女田于陴原；易女田于寒山。"铭文中的"克"也叫"善夫克"。作为当时一个新兴的商业贵族，克曾得到宣王所赐的大量井田。除大克鼎铭文之外，宣王时期记载赐田的铭文还有很多，宣王如此大规模地给新兴贵族赐田，在西周历史上是罕见的。毫无疑问，宣王时期，"田里不鬻"的井田制传统已风雨飘摇，私有化已如雨后春笋般冒头了。

大克鼎

周宣王积极变革经济制度，绝非专制君主的随心所欲，实际上是当时业已显露、尚未被大多数人所认识的一个基本社会原因影响所致。这一基本社会原因就是当时作为立国经济基础的井田制度向私有化方向的演变。在文、武、成、康时期，井田是不能交换和买卖的，但到了西周中后期，情况就逐渐发生了变化。1975年，陕西岐山县董家村窖藏出土的共王时期有关裘卫的铜器，其铭文就牵涉到井田交换事件。其中卫盉铭文说:"矩伯庶人取堇章(璋)于裘卫,才八十朋,厥贮,其舍田十田。矩或(又)取赤虎(琥)两、鹿(韨)两、𩍂一,才廿朋,其舍田三田。"其大意是说,裘卫用堇章(即玉璋)从矩伯那里换得井田10田,双方交给官方的赋税是贝80朋(朋,贝的计量单位)。裘卫又用赤虎二件、鹿二件等换得矩伯井田3田,双方交给官方的赋税是贝20朋。

裘卫与善夫克一样,并非出身显赫的贵族之家,而只是王室的司裘小官,但他富甲一方,矩伯、邦君厉等封君都不得不用土地和他交换,或者出租土地给裘卫牟利。这种土地典租或转让的现象在当时已不是个别现象,这种行为对西周封建国家土地公有制来说是严重的破坏。

西周初年武王、

卫盉

周公在实行分封制时，曾有"授民授疆土"的制度，即周王把"民"与"疆土"授给诸侯，让其代表周王进行管理和使用，而"民"和"疆土"的所有权仍然牢牢控制在以周王为代表的国家手里，保持着完全国有的性质。到周共王时期，井田的性质开始出现变化，尤其在宣王时期，易（赐）田事件经常发生，西周旧的经济基础已经千疮百孔了。

宣王与时俱进，采取"安抚流民"、"不修籍于千亩"、"料民于太原"和向贵族大量"易田"这四项顺应时势、果敢地对传统经济制度进行有力变革的重要经济举措，成效显著，使宣王中期的社会经济很快得到了恢复。《诗经·小雅·采芑》说："薄言采芑，于彼新田，呈此菑亩。"《尔雅·释地》谓："田一岁曰菑，二岁曰新田，三岁曰畬。"可知在当时广阔的田野上，到处都是刚种一岁的"菑亩"和才种二岁的"新田"，大量的荒地被开垦，长着绿油油的庄稼，又见炊烟升起，一派民生和谐万户春的温馨景象。

《礼记·曲礼下》在记述周代宣王时期的财富情况时

也说:"问庶人之富,数畜以对。"显然,这一诗篇记述的大群牛羊,其中不少是广大庶民的私有财产。

《诗经·小雅》中还有一篇《鱼丽》,描绘宣王宴请诸侯时的盛况。该诗所描述的"鱼丽于罶",即有各式各样的鱼,并总结说:"物其多矣,维其嘉矣!物其旨矣,维其偕矣!物其有矣,维其时矣!"此诗中描述的鱼类之丰富正与宣王朝畜牧业、农业的蓬勃发展情况契合。因此,孙作云先生很早就认为它"极有可能是周宣王朝之诗"。

宣王得当的经济措施使得当时的西周社会百业复苏。《诗经·周颂·良耜》有"百室盈止,妇子宁止",描述了西周社会生产有了较大的发展以至人丁兴旺、熙熙攘攘的盛况。

宣王时期的建筑业也蓬勃发展,新的住宅鳞次栉比,一幢幢高大的屋宇破土而立,《诗经·小雅·斯干》就说:"筑室百堵,西南其户。爰居爰处,爰笑爰语","乃生男子,载寝之床","乃生女子,载寝之地"。从此诗的内容看,它所描述的是宣王时生儿育女的欢庆场面。随着人口的繁衍，西周的国力日益强盛。郑玄注释说："（宣王时）德行国富，人民殷众而皆佼好，骨肉和亲。"《诗经·大雅·假乐》则赞美了宣王朝的一位贵族，"干禄百福，子孙千亿"，由此更足以证明宣王中兴时的繁荣景象。著名学者徐中舒先生甚至主张当时西周的农业生产已经超过欧洲11世纪的水平。

宣王的经济改革从土地所有制入手，以土地所有权为改革切入点，从而揭开了春秋战国时期诸侯国一系列变法改制运动的序幕，影响极为深远。春秋初年，齐桓公在管仲的帮助下，"相地而衰征"，使得齐国成为春秋五霸之首。晋"作爰田""作州兵"，发展迅速，长期称霸中原。鲁宣公于公元前594年颁布"初税亩"法令，实行按土地面积征收耕地税的制度。楚国于公元前548年"书土田""量入修赋"。郑国在公元前538年"作丘赋"。秦国在公元前408年实行"初租禾"，一律按亩纳税。到战国时，变法改制运动更是深入发展，尤其是在公元前359年以后，秦孝公任用商鞅变法改制，颁布法律，制定连坐法，奖励军功，奖励耕织垦荒，"开阡陌""废井田""民得买卖"。这一自春秋战国以来最为彻底的改革，使秦国一跃而为天下最强大的国家，最终实现了五百年的大一统。

诸侯国的这些政治经济变革与周宣王"不籍千亩""料民"的改革在性质上是一脉相承的。其结果是在经济上加速了旧的土地赋税制度的瓦解，促进了土地私有制下地主经济和小农经济的发展；在政治上不同程度地摒弃了以封邦建国分封制为特征的封建贵族等级制度，促进了各国的专制君主集权制度的形成和发展。这些顺应历史发展趋势的变法改制使各国纷纷走上富国强兵的道路，通过兼并战争，最后由改革最为彻底的秦国统一天下，建立中国历史上第一个统一的君主集权制国家，完成了国家政体由封建贵族等级制度向君主集权制度的转化。这一漫长的历史进程正是以周宣王"不籍千亩"和"料民"的经济改革为发端的。

周宣王可以称得上古代变法改制运动的伟大先行者。

三、郁郁乎文哉

（一）修《诗经》

孔子曾经说："天下有道，则礼乐征伐自天子出；天下无道，则礼乐征伐自诸侯出。"在肯定西周的礼乐政治后，孔夫子更发出了"周监于二代，郁郁乎文哉，吾从周"的慨叹。为了给后人完美呈现西周的礼乐政治，总结西周的治国经验，实践王道治国的政治理想，宣王对文化建设相当重视，在位期间任命尹吉甫等人大规模整理了《诗经》一书。

对《诗经》一书进行系统整理，通过大规模编订最终使其完整结集，这是周宣王推行王道的突出表现，也是他中兴大业的重要成绩。

《诗经》是西周礼乐制度的直接产物，其编纂是因循周公制礼作乐的理念而逐渐成熟的，在成康时期初步成型，有所谓"诗三百"之说。《墨子·公孟》曾记载："诵诗三百，弦诗三百，歌诗三百，舞诗三百。"而实际上《诗经》在墨子生活的春秋战国时代大约只有三百篇了，所以孔子才说："诗三百，一言以蔽之，曰思无邪。"

可见，《诗经》经过历代长期修订，从千余首变成了三百余首。

《诗经》的全部功用，即"颂"的"以其成功告于神明者"，"雅"的"言王政之所以兴废"，"风"的"展义可观人俗"，就其本体而言，《诗经》最初是周之礼乐中的"弦歌讽喻之声"。

"礼"原本是从庙堂弦歌乐舞以事神致福的仪式发展而来的。我国古代早期社会尤其是殷商时期，极为发达的巫祀活动孕育出的礼乐文化为周之礼乐走向鼎盛打下了坚实的基础，故孔子《论语·八佾》才说周"监于夏商二代"。周之礼乐的基本精神有别于殷商时期"率民以事神"的神学体系，而是强调"事鬼敬神而远之"的以"尊礼""崇德"为核心的人文理性的文化体系。

西周礼乐制度的建构和完善自然少不了用以祝颂、训诰、箴谏、展义、观风等承载礼乐文明之诗篇的文本支撑，因此，本着礼乐之教深入社会而不悖，传达王化，体现中兴大业的宗旨，于宣王而言，编纂《诗经》的统一文本就显得十分必要了。

《诗经》是西周时期王官之学的基本教材，宣王编纂《诗经》也是希望崇德知礼的国子能够敦睦和谐。推行礼乐治国，其实质是为了加强对诸侯乃至民众的社会舆情控制。

　　西周实行封邦建国以藩卫宗周的分封制和嫡长子继承的宗法制，周武王死后，周室内部潜藏的矛盾公开化，"三监之乱"的沉痛教训或促使摄政的周公将诸侯及王朝公卿大夫的子嗣集中起来，名为教育实则作为人质，于是一切都在周天子的掌控之中，诸侯不得不唯周天子命是从，这就是人们常说的"普天之下，莫非王土；率土之滨，莫非王臣"。西周时期，周天子设置"辟雍"，辟雍是西周天子为教育贵族子弟而设立的大学，也可以说是座体面的"监狱"，其位于郊外，《礼记·王制》记载："大学在郊，天子曰辟雍。"其四周环有宽阔水面，周康王时青铜器麦尊的铭文说："在辟雍，王乘于舟为大丰……侯乘于赤旌舟从。"《辟雍赋》也唱诵："辟雍岩岩，规圆矩方……流水汤汤，造舟为梁。"周公甫一平定三监叛乱即着手西周的礼乐制度建设，其中应该就有专对国子的《诗经》教材范本，当时《诗经》被编纂是必需的。

据史籍记载，宣王以前产生的诗篇已为数不少，有追叙周先祖豳公农耕起家、稼穑艰难的《豳风》，如《七月》；有周武王用于家宴、训诰的《周诗》，如《支》《肆夏》《樊遏》《渠》等；有周武王及周公等辅臣所作的用于周宗庙敬祖和祭祀天地神祇的颂诗，如周公所作《时迈》；还有为庙堂典礼仪式和乐舞而专门创作的诗篇，如武王灭商后的仪式乐歌《庸》《大享》《崇禹》《生开》《明明》等；有公卿士大夫所献的雅诗，如"周公救乱"的《鸱鸮》、周文公之诗《常棣》等。

周公组织编纂的乐诗文本当时是否称作"诗"已不得而知，但规划了风、雅、颂三个部类可以肯定，但应该没有系统编排。

宣王中兴者，实际就是西周初年周公礼乐的中兴。在礼乐经历了衰颓复又中兴的时代，无论是为传承礼乐注重《诗经》之"声"的瞽矇之教，还是以控制诸侯为目的注重《诗经》之"德义""言语"的国子之教，其在殊途同归的政治目标下必将有所作为，以成康诗文本为基础进行整理编订也是时代的必然要求。

周宣王时期，为强调周的创业艰难和守成功勋，《豳》被编入"风部"，其次是《邶》《鄘》《卫》《曹》《魏》《齐》《陈》《桧》。《邶》《鄘》在周公平定三监之乱后并入卫，而今存《诗经》有《邶风》《鄘风》却不统称为《卫风》，恰可说明周宣王的修订采取了分而纂之的办法，实有笼络殷遗民的政治目的。曹、魏、齐、陈、桧五国均是周武王时期所封，除曹、魏为姬姓邦国，齐、陈、桧则是异姓诸侯，周宣王采取其风也有对诸侯加以笼络和进行文化控制的目的。宣王更在"风部"增补《郑》《王》《秦》，十五邦风至此宣告编纂完备。邦国中建立最晚的"郑"其时已立，宣王封其弟友于郑邑，是为郑桓公。今存《郑风》21篇，后起者之所以能入"风部"并成为邦风存诗之最，这一方面与郑桓公的深得民心和取得的政绩有关，另一方面与宣王编订《诗经》对他的特别照顾、政策扶持有关。《王风》的采集可以看作宣王为政治需要加强对东都洛邑及其周围地区管理的结果，宣王首次巡狩就是在这里。《竹书纪年》载："（宣王）九年，王会诸侯于东都,遂狩于甫。"而《王风》所存10篇诗作,大部分是反映民生疾苦和怨恨的,实有警诫地方管理者的意味。据《史记·秦本纪》,周孝王为秦"分土为附庸","周宣王即位,乃以秦仲为大夫,诛西戎"。秦国其时逐渐成为拱卫周之西北的主要力量,且功劳甚大,宣王为政治目的重视并采集《秦风》亦在情理之中。今存《秦风》颇杂戎狄之俗,表现出秦人的强悍尚武之气,即是其风采于宣王之际的明证。

宣王对《诗经》的修订,增补诗篇最多的应该是"雅"这一部分,今存诗以宣王时为多。孙作云先生就说:大小雅统统是西周末年的诗。大小雅105篇,其中有一半的诗可能是周宣王时代的作品。

比如《小雅》中出现的《六月》《采芑》《出车》《车攻》《吉日》《鸿雁》《庭燎》《沔水》《鹤鸣》《祈父》《白驹》《黄鸟》《我行其野》《斯干》《无羊》《小宛》等,大雅中有:《云汉》《崧高》《烝民》《韩奕》《江汉》《常武》。

大小雅诗的排列法或编制法以周宣王为中心的看法虽

有些偏激，却也不无道理。可能是因为宣王主动编订，搜集现时作品自然成为重点，因而编入的作品多以宣王为中心是完全可以理解的。

宣王的政治并非完全深得人心，如《周语》记载其因"不籍千亩"、"丧南国之师"、干预鲁国继嗣、"料民太原"而遭批评，但"雅"中对他完全是一片颂赞之声，这足以说明《诗经》的编定很可能完全是在宣王之世。

"雅""颂"中可能并无东周诸王作品。宣王以后的周天子不再巡狩，邦风入《诗经》的渠道业已断绝。《汉书·礼乐志》记载："周室大坏，诸侯恣行……桑间、濮上，郑、卫、宋、赵之声并出。"此所谓春秋时期兴盛起来的郑卫之声，正是孔子所厌恶和排斥的淫声，绝非已入《诗经》之"风部"的《郑风》《卫风》，《孔子诗论》第三简总论邦风谓"其言文，其声善"可证。再者，周、郑在春秋初年先是互不信任，继而交恶，周若于春秋编《诗经》，绝不会采《郑风》。是时，宋、赵之风也未能入《诗经》，可见在政由方伯的春秋时期是不存在大规模结集《诗经》的政治基础的。《诗经》既是传播礼乐的载体，又是礼乐文化的组成部分，在礼乐征伐自天子出的礼制时代，唯有周王室具备编纂资格，诸侯只是接受而已。而在礼崩乐坏、政由方伯的春秋时代，对《诗经》的点滴整理则是出于学术需要了，规模应不会很大。

宣王时期编纂《诗经》，其主要是为了讴歌盛世，体现王道之声。其核心有以下几个文教方向：（一）歌咏君子品德。如《天保》所说："天保定尔，以莫不兴。……群黎百姓，遍为尔德。"《南山有台》称："乐只君子，邦家之基……乐只君子，邦家之光。"《采菽》所谓："乐只君子，殿天子之邦。"这些诗篇是赞美中兴元勋尹吉甫、仲山父、召虎、南仲等重臣为邦国百姓所建立的功业的。（二）歌颂人才。如《鹤鸣》谓："它山之石，可以为错。""它山之石，可以攻玉。"《郑笺》补充说："教宣王求贤人之未仕者。"这些诗篇都与宣王乐用贤才的气氛相合。（三）歌颂天子与诸侯的和睦关系。如《湛露》云："厌厌夜饮，不醉无归。……厌厌夜饮，在宗（宗庙）载考（落成）。"《毛诗序》说："天子燕（宴）诸侯也。"《彤弓》谓："彤弓弨兮，受言藏之。"《毛诗序》："天子锡有功诸侯也。"

这些诗篇都应是宣王时代诸侯复宗周的反映。

诗经中的《商颂》五首也应该是在宣王时期修订完成的。"颂部"有《周颂》和《商颂》，《商颂》之所以能入"颂部"，当是宣王为进一步安抚殷商遗民而使其先祖成汤等"配享"于周宗庙的结果。从《烈文》《有瞽》《雍》诸篇可见，宣王时期，西周宗庙祭祀有"合祭"典礼，参与者不仅有周王及其左右，更有异姓在内的列国诸侯，不仅祭祀天地神祇、周之列祖，而且还有"配享"其中的商代先祖先王。宣王时期"三颂"被遵用并得到补充和整理，如祭祀武、成、康王的《执竞》得以补充。

宣王如此编排，既可强化同姓诸侯的亲缘意识，又对异姓诸侯示范德政，周宗庙祭祀便获得了超出宗教的政治意义。"颂"在《诗经》中被安排在最后，也与宣王将天认作"惟德是辅"之存在的理念息息相关。

《国语·鲁语下》说昔日正考父拿着12篇《商颂》到周太师处咨询，可见整理、校订各地乐歌是太师的使命，在人事选择上自然要慎重并重用心腹了。

宣王朝《诗经》编纂这一系统工程的总负责和主编

应该是尹吉甫。这位中兴名臣本身就是个著名的诗人。《诗经》中有几首诗歌已明确为尹吉甫所作,从《崧高》末章"吉甫作诵,其诗孔硕"和《烝民》末章"吉甫作诵,穆如清风"来看,这两首诗无疑就是尹吉甫的手笔。《韩奕》《江汉》也被汉儒认为是尹吉甫的作品。除了亲自参与《诗经》的创作,尹吉甫作为宣王时期的太师,总编纂《诗经》也是义不容辞的责任。太师是西周之三公的兼职,也是乐官的领袖。《周礼·春官》记载:"大师掌六律六同,以合阴阳之声。……教六诗:曰风、曰赋、曰比、曰兴、曰雅、曰颂。"尹吉甫的身份正和这一记载的职分完全相符。

宣王是最后一个"礼乐征伐自天子出"的周天子,故其中兴礼乐制度编定的乐诗文本,无论是内容还是部类结构,都应是至为完善的权威文本。正是基于其内容体例的完整性和权威性,所以才会有诸子以之为经典的认识。孔子所从之周,指郁郁乎文的西周,故其认定为六经之一的《诗经》,当编纂于宣王之时;这也就是孟子所认定应该表现周王朝以礼乐治天下即"王者之迹"的《诗经》。

宣王时代编纂的这部"风""雅""颂"结构完备、内容大大丰富于今存《诗经》的乐诗文本，从《孟子·离娄下》所谓"王者之迹熄而诗亡，诗亡然后春秋作"的判断看，其名称就是"诗"。"王者之迹熄"就是指平王东迁，从此政教号令不及于天下；"诗亡"意味着新的诗篇不再产生，则《诗》编定于宣王时代确定无疑。春秋列国大夫外交言必称《诗经》，足以说明其是将宣王修订的《诗》当作经典和王道政治权威文本使用的。

宣王编修的《诗经》，是其继承和发扬周代共和民主的传统，否定和批判厉王暴政苛法，采集自厉王迄于共和之世的刺诗，广开言路，争取民心的集大成之作。

《诗经》的编纂既是宣王中兴的成就，也是其中兴的动力。宣王的文治复苏，西周便由"复国"而至"中兴"，这位周天子也声威远播、四夷归服，赢得了稳定与发展的政治鼎盛局面。因此，宣王之世歌诗之"美"，"周邦咸喜"（《崧高》）之欣悦，"展也大成"（《车攻》）之从容，皆是"中兴"开拓盛世局面的诗化之光与盛世气象的写照。

143

这次《诗经》的系统采集和编订，作为宣王订正礼乐、振兴德教的宏大文化工程的重要部分，不仅使周初"郁郁乎文"的精神传统不致失坠，而且使西周时期四方各地的语言、艺术、风俗和思想得以完全融合统一。宣王之世编订《诗经》的宏举，标志着西周晚期精神文化发展的崭新高度。孔子说"诗三百，一言以蔽之，曰思无邪"，就是对周宣王这项文化政绩的最佳肯定！

（二）订《周易》

宣王对《周易》应该也进行了一定程度的整理与修订。

杭辛斋先生曾经说："《易》在三代，不啻为政治之书。夏宗《连山》，其礼乐政刑胥以《连山》为则；殷宗《归藏》，其礼乐政刑胥以《归藏》为则；故纪历有人统地统天统之殊，而尚忠尚质尚文，亦各有所专重。盖变通损益以蕲合于时宜，而成一代之制，必统系分明，而后纲举目张、有条不紊。今夏殷之制不可悉睹，而《周礼》一书虽经窜改，而周家之典章文物，犹可得其梗概，足与《周易》相印证。"可见《周易》一书独特的价值所在。

《周易》文本的编订经历了漫长的历史过程。就《乾坤易》而言，其易象系统的成型是在尧舜时代，而其系辞系统的编订，具体地说，卦、爻辞的编订分别是由文王和周公开始的。周公主持编订《易》的爻辞，主要是将编采、选录的那些精短、隽永的古歌、谣谚加以简化、提炼，并纳入《易》系辞系统所预设的结构框架，从而实现对易象系统的义理(道)的具体而微的阐释。

《易》爻辞的编订并非一蹴而就，在西周，随着时代的发展和局势的变迁，政治家主持《易》爻辞的修订成

《周易》

为建构新的政治认同和论证政权合法性的有效手段。自厉王迄于共和之世，原有的西周社会秩序受到严峻挑战，人们不仅遭遇生存的艰危，而且乍失精神的依靠，茫然无措，诸多以怨刺为主题的歌诗就是在这一背景下产生的。共和年间，厉王出逃，《暌》爻辞节录与引述的短歌《拉车之歌》中"遇主于巷"和"其人天且劓"描述的可能就是周厉王及其随从在异地他乡生活的惨状；《旅》爻辞中节录与引述的短歌《商旅之歌》也是厉王作为羁旅之人的写真。

依黎子耀先生《周易秘义》的分析，则《乾》爻辞中节录与引述的短歌《群龙之歌》可能是沦为奴婢的殷商遗民记述其起义从共和年间胜利到宣王初年失败的全过程；而《井》爻辞中节录与引述的短歌《修井之歌》也可能是社邑之井从共和年间荒弃到宣王初年复又修缮之过程的写照。也就是说，宣王登基之后，社会秩序的重建是卓有成效的。伴随着社会秩序的重建，精神秩序也面临着转换与建构的问题。宣王对《易》文本的编订与《诗》相似，都是这一标志着"宣王中兴"的宏大文化工程的一部分。周宣王在《易》爻辞中纳入新近采录的歌诗，其中渗透着他对盛衰治乱的独特领悟和历史的沧桑之感。

（三）编撰《史籀篇》

除了修订《诗经》和《周易》之外，周宣王还命太史籀主编《史籀篇》。这是我国最早的识字教材，具备公民启蒙读本的重大意义。

《史籀篇》经春秋战国至秦代广泛流传，直至西汉末年还完整无缺。东汉初《史籀篇》散失6篇，仅存9篇，西晋时全书散佚于历史的长河之中，成为文化史的一大遗憾。

宣王中兴，为推行政令和宣明教化，急需统一文字、统一思想，故在全国范围内对文字进行整理，力求使其规范和一。宣王命太史籀主持编纂《史籀篇》，就是对西周以前远古文字的一次大规模整理和总结。

《汉书·艺文志》记载"史籀十五篇"，班固自注"周宣王太史，作大篆十五篇"。许慎在《说文解字序》里也有"宣王大史籀著大篆十五篇"。可见此事绝非向壁虚构。

西周太史的职责是按照周天子命令起草文书、策命诸侯、记录史事、整理文字，兼管国家典籍、天文历法等事。《新唐书·宰相世系表》说"史氏出自周太史佚之后，子孙以官为氏"。史籀当是太史佚的后人，明丰坊《书诀》对此有所丰富："史逸，字孟佚，伯邑考之子，文王之嫡长孙也。逸生頵，頵生黎，黎生籀，……又损益润色，别号籀文。"

文中说的史逸就是史佚，见之于《逸周书·世俘解》《国语·周语下》。史佚的父亲伯邑考是周文王的长子，一度质于殷，被纣王烹死。史佚以文王的嫡长孙而任王室太史，历事武王、成王，颇有功绩，与姜太公、周公、召公并列。他的突出功绩之一也是厘正文字，如丰坊《书诀》所说："周公命史佚同天下之文。"相传虎书、禽书、鱼书皆史佚所创。

其后人史籀在《汉书·古今人表》中作"史留"。《汉书补注》"史留"下引：史籀也。《艺文志》说史籀是周宣王太史。籀为留，是古字通用的一大惯例，也就是说史留就是史籀。"留"字左加手，上加竹，正与他一生致力于整理文字有关。

上海历史博物馆收藏有一件名为趞鼎的晚周青铜器，铭文中有"周王在宗庙对趞赏赐衣物，史留受王令书于简册"等语，学界因此认定史留就是史籀。

《史籀篇》散佚已久，面目已经模糊，现在只能看到许慎《说文解字》中标明《史籀篇》或"籀文"的225字及有关文献记载，我们只能从这吉光片羽的资料中，对《史籀篇》的内容和形式做些推测。

《汉书·艺文志》载："《史籀篇》者，周时史官教学童书也。"西周有名"保氏"的官员，主管贵族子弟的教育。教育内容是礼、乐、射、御（驭）、书、数，也就是六艺。西周时八岁入小学，首要课业自然是识字，而采用的识字课本在周宣王时就是《史籀篇》。

太史籀所处的宣王时代，社会上既有商朝以来五花八门的象形字，又有西周日益增多的会意字和形声字；有王室常用的正体，也有贵族之间通行的俗体字，纷乱不堪，严重影响到日常的文化交流。《史籀篇》则是从种种不同的形体中，选择比较规范的字形，稍加省改，作为西周官方提倡的标准性文字。籀文字形，王国维概括其特点是"大抵左右均一，稍涉繁复，象形象事之意少，而规旋矩折之意多"。许慎《说文解字序》引西汉《尉律》说"学僮十七以上始试，讽籀书九千字，乃得为史"，据此可见宣王时期的史籀文约有九千字之多。据推测，《史籀篇》的文体很可能是四字一句、二句一韵的结构，以便蒙童诵习。

西周太史籀文在用笔上线条化，在结体上方块化、对称化，便于竖行排列，更显庄严端穆，适应了西周社会雍容矜持的贵族审美取向。所以西周晚期的铜器铭文多数线条相似，结构谨严，布白规整，有严重的模式化倾向，体现出宣王中兴时期所谓的君子风度。在千篇一律的文体中，也不乏颇具特色的作品。

宣王时的虢季子白盘铭文，用笔圆润匀称，结体方长秀美，布白疏朗肃穆，又很注意细节变化，通篇整齐而和谐，富于节奏动感，可谓开春秋战国乃至秦代书风的端绪，应该是受到《史籀篇》的深刻影响。

《史籀篇》既是西周宣王官定的字书，又是当时贵族子弟的识字课本，因此绝不会因西周王室的覆灭而弃置不用。春秋时代王权衰微，但大国争霸皆在"尊王攘夷"的口号下展开，周天子还被尊为天下共主，周天子出纳王命，诸侯朝觐天子，霸主会盟，都应该会使用这种普遍的文字，贵族子弟在辟雍、乡学里所学的书艺可能还是以籀文为主。六国文字更是太史籀文的变异，只是衍生了诸多异体字而已。

秦文公时收周余民，周余民中必有西周职官及受过辟雍良好教育的士子，他们都习用籀文，所以秦国一直把《史籀篇》作为教育学童的识字课本，《史籀篇》故而安全渡过秦始皇焚书的文化浩劫。"秦焚诗书惟《易》与《史籀篇》得全"，这是说秦始皇下令焚书时，没有烧《周易》和《史籀篇》。

《史籀篇》作为字书，并不妨碍统一思想，因此不在焚书之列。西汉初年，《史籀篇》在社会上十分流行，官府招考高级文吏，识读《史籀篇》是必考的科目之一。汉元帝刘奭号称"多材艺，善史书"；汉成帝的许皇后"聪慧，能史书"。"史书"即周宣王太史籀作的大篆，可见书写《史籀篇》是当时西汉宫廷贵族之间雅集的一种必备能力。

王莽更始之际,天下散乱,礼乐分崩导致典文残落,"石室金匮"之书横遭浩劫,《史籀篇》亦未能幸免。东汉光武帝建武年间搜求图书,《史籀篇》就只找到9篇,6篇已不见芳踪。东汉中叶,汉章帝让王育讲《史籀篇》9篇,当时"所不通者十有二三",可见当时连皇帝身边的文字专家对《史籀篇》都不能卒读了。《史籀篇》废毁于西晋时期。西晋中晚期有八王之乱、永嘉之乱,京城多次遭到乱军洗劫,图书毁于兵火者不可胜数,《史籀篇》剩余的9篇可能在某次战乱中遭遇厄运,从此历史文献经籍志等再不见对周宣王《史籀篇》的著录了,只留下了宣王修订启蒙读本的只言片语。

第五章

经略西北

第一节　整军备战

宣王中兴，文治武功，在文治炫然夺目之时，宣王的武功也是赫赫闻名的。在南北两大战场，宣王先后发动了多次战争，征服了反叛之邦，加强了自己的权威，实现了万国来朝的宏大军政胜利。

周自剪灭大邑商之后，封邦建国，以摒周室，继而兼并四方戎夷等少数民族的土地和人口，拓展势力，巩固西周的统治。随着政治经济经营活动的扩张及周边其他民族的自我发展，西周中后期周边民族同西周王朝的矛盾冲突加剧，与中央的纠纷不断。昭王南征荆楚而不复；穆王征犬戎得四白狼、四白鹿以归，对徐淮之地更派出戍守之师；自夷王以下，周围夷狄更交相侵扰，步步进逼，周王室则因王廷不振、经济低迷导致军事力量衰退，只得忍辱负重。

厉王时期，噩侯驭方率南淮夷、东夷广伐南国、东国，周厉王令常规军西六师、殷八师征讨，但竟然失利，南淮夷更侵入伊洛地带，后来全赖大臣武公徒驭的勇敢，才使得周王室转危为安。

宣王即位初期，面临的外交军事局面相当紧张，基本是如下之格局：

周王朝同南方荆楚的冲突。西周王朝同南方民族的冲突主要是与楚国的交锋。荆楚于周初受封于周成王，但于成王盟会中楚子"置茅蕝，设望表，与鲜卑守燎"，因此备受歧视。但楚国"筚路蓝缕，以启山林"，拓并四周濮蛮之地，发展迅猛。至于周夷、厉中央政权衰微之世，楚更向汉水流域鲸吞蚕食，同周王朝发生了一系列冲突。

与西北方向猃狁的冲突。猃狁为周王朝西北方向面临的主要劲敌。宣王之前，猃狁强盛，以致"猃狁匪茹，整居焦获，侵镐及方，至于泾阳"，其势力甚至达到西周首都镐京的周围，严重威胁到西周的统治。

与北方的条戎、奔戎等的冲突。条戎、奔戎是居于今山西夏县西南中条山地区附近的少数民族，可能属于猃狁的分支。作为周室辅弼的晋国是周王朝分封以防御北方异族进攻的重要堡垒，因此晋与北方民族条戎、奔戎的斗争尤其激烈。晋穆侯七年伐条，后二年，晋人败北戎于汾隰，乃至后来发生的千亩之战，都是北方战局中的大事。

与西戎的冲突。西戎主要指同周王朝有联姻关系但也多次发生冲突的羌系民族。西申亦为西戎的一支，是周初姜姓申国和甫国在宗周西部的余部，又称申戎，虽然多数时候是周的"友邦冢君"，但也时常不服王命，而且西戎主要分布于宗周附近，他们的离心离德对周王朝威胁很大。

与东南和南方的徐戎、淮夷诸部的冲突。徐戎、淮夷是位于淮河流域和徐泗一带的少数民族的泛称。徐、淮诸部在西周中后期逐渐成为西周王朝南方的严重边患。穆、懿、厉之世皆有军事征伐行动，但宣王时期，徐戎兴起，成为周王室的重要劲敌。

简而言之，宣王即位初期的外交格局，可谓内外交困，四夷纷扰。宣王中兴，自然要攘外扬威。宣王经过苦心经营，在国力得以充实的基础上，逐渐开始对西北和东南大规模用兵，意图开创四海升平的祥和局面。

宣王即位后非常重视军队的基本建设，《竹书纪年》说"（宣王）元年作戎车"。这个记载当有所依据，可能是周宣王为应对戎狄机动性强的作战特点，积极学习戎狄部族的军事战法，像后世的赵武灵王胡服骑射一样，放下中央上国的架子，积极学习，试图师夷长技以制夷。

《诗经·小雅·出车》记载宣王大军在征伐猃狁时"出车彭彭"，《诗经·小雅·采芑》更称周军在征伐蛮荆时"其车三千"，可见经过长期的准备，宣王大军战车的数目得以激增，军队的兵器装备相应得到更新。《国语·周语上》记述宣王时为补充兵源，有"料民"的措施。可知随着地租形式的转变，宣王进行了兵役制度改革，大批能征善战的庶民百姓应征入伍，周军的人数大大增加，战斗力飞跃发展，士气高涨。

第二节　北伐狁

狁又称玁狁、獯鬻、犬戎,金文中"狁"两字的写法均不从犬旁,可见西周时期称呼狁并不含有贬义。金文称狁为戎,也就是文献所载犬戎的分支。

《左传·僖公二十二年》杜预注解说"允姓之戎居陆浑,在秦晋西北",所谓"允姓之戎"就是指狁。《左传·襄公十四年》更记载有戎子驹支的一段自称:"我诸戎饮食衣服不与华同,贽币不通,言语不达。"

狁活动范围大约在宗周(镐京)西北,主要包括泾河上游、渭河上游及北洛河上游地区(今宁夏南部、甘肃东南部、陕西北部)。西周以镐京为都城,地处渭河平原。狁活动范围邻近西周统治的核心地区,因而对西周构成了最为严重的直接军事威胁。

从先秦古籍和金文材料分析,狁攻袭大周主要有五条交通路线可供选择:一、自渭河上游出发,沿渭河谷地至渭河平原西部;二、自渭河上游至六盘山西,翻越陇山、六盘山南段至渭河平原；三、自泾河上游出发，沿泾河谷地至渭河平原中部；四、自北洛河上游出发，沿北洛河谷地至渭河平原东部；五、自汾河上游出发，沿汾河谷地至渭河平原东部。

这五条线路中，第一条路线似乎最为便捷。从渭河上游出发，沿渭河谷地即可至渭河平原西端，渭河平原西端的宝鸡与渭河上游的天水直线距离不过120公里左右。但实际上宝鸡以上的渭河上游河道狭窄，川峡水流湍急，并不利于大规模军事行动。而猃狁以战车为主要作战装备，更难以在地形复杂的山区畅通无阻。第二条路线也存在类似问题。自渭河上游至六盘山西麓，翻越陇山至渭河平原看似路程不远，但陇山山势陡峭，多悬崖峭壁、峡谷沟涧，更不适合猃狁战车行动。第三条路线则与前两条不同，泾河中上游平凉至京师(豳)段长约170公里，这一路河谷平坦开阔，平均宽两公里左右，两岸多台塬，较适合大规模军事调动。猃狁军队沿泾河谷地东南而下可直接攻至京师(豳)，威胁渭河平原中心，如多友鼎铭文记载"唯十月，用猃狁方兴，广伐京师"。而京师南方约120公里就是西周的都城镐京。因此猃狁主要从西北方向入侵西周，略呈西北—东南走向的泾河谷地是猃狁入侵西周的主要路线，西周军队的追击和反击也主要沿此线进行。

汾河谷地常常作为猃狁进攻的辅助路线，如王国维《今本竹书纪年疏证》所说：周宣王三十八年，王师及晋穆侯大军征伐条戎、奔戎，结果作战不利；周宣王四十年……晋人败北戎于汾隰。这些因地名或方位命名的条戎、奔戎、北戎多与猃狁有关，应该属于猃狁分支或别称。他们的活动范围距离汾河不远，因而可以沿汾河谷地入侵西周，西周军队也曾沿此线进行反击。

一、不其之战

周宣王时期西周与猃狁之间战争频繁，《今本竹书纪年》《诗经》《史记》等文献，虢季子白盘、兮甲盘、不其簋、多友鼎等铭文都记载了西周与猃狁之间的多次战争，可与汉武帝与匈奴之间的战争相提并论。我们按照时间顺序基本陈列如下：

周宣王即位的第三年曾令秦伐西戎，这是为牵制猃狁的正面攻势，宣王显然是希望嬴秦能够从侧面迂回，削弱猃狁的势力。由此可推知,当时周宣王即位不久,改革刚刚起步,效果尚未凸显,国力尚不可与猃狁进行直接的决战性争锋,而是采取了侧面打击、长期经营的策略。

《史记·秦本纪》记载:"周宣王即位,乃以秦仲为大夫,诛西戎。西戎杀秦仲。秦仲立二十三年,死于戎。有子五人,其长者曰庄公。周宣王乃召庄公昆弟五人,与兵七千人,使伐西戎,破之。"

这一用秦伐戎、意欲包围猃狁的战略,历时久远,颇有波折,前期秦仲牺牲,很是壮烈。在受挫之后,周天子颇有耐心,扶持秦庄公崛起,才使这一计划终有所成。周宣王一次性给弱秦"兵七千人",不算小数,正可

不其簋

不其簋铭文拓片

见其时猃狁的强大与宣王经营西北的良苦用心和高瞻远瞩。

不其簋铭文记载的秦部族与猃狁之战的具体时间不详，但让我们看到宣王在猃狁之战中对秦部族的统战工作卓然有效。

不其簋铭文说：

唯九月初吉戊申。白氏曰："不其，驭方猃狁，广伐西俞，王令我羞追于西。余来归献禽，余命女御追于洛。女以我车宕伐猃狁于高陵，女多折首执讯。戎大同追女，女戎大敦搏，女休，弗以我车陷于艰，女多禽折首执讯。"白氏曰："不其，女小子，女肇诲于戎工，易女弓一，矢束，臣五家，田十田，用乃事。"不其拜稽手，休，用作朕皇祖公白孟姬尊簋，用丐多福，眉寿无疆，永屯霝终，子子孙孙永寶用享。

"不其"，据众多学者考证就是文献中秦庄公的名字，当时宣王任命他北讨西戎，协助王室。从铭文的内容看，宣王不仅曾安排秦人讨伐西戎以为猃狁之战的奥援，而且还策动秦庄公与猃狁在东部战线的高陵展开正面厮杀；秦人也曾取得了胜利，并受到了宣王的赏赐。

163

兮甲盘

兮甲盘铭文

二、太原战役

兮甲盘记载的战事发生在宣王五年（前823年），也就是秦仲伐戎可能一时相持不下的时期。

唯五年三月既死霸庚寅，王初格伐猃狁于（余吾），兮甲从王，折首执讯，休亡敃，王赐兮甲马四匹、驹车。

"初格伐"意味着宣王经营西北的正式开始，而且是宣王御驾亲征。从兮甲的缴获看，这次战役规模不大，可能更多是一种对猃狁的心理威慑战。文中的"兮甲"，学者认为就是著名的尹吉甫。

其实在《诗经》中并没有"尹吉甫"这一称谓，只言"吉甫"。《诗经·小雅·六月》曾赞美说"文武吉甫，万邦为宪"，《大雅》的《烝民》和《崧高》都是尹吉甫写就的军旅生涯之外的浪漫主义作品。汉代毛公在"吉甫"之前加上"尹"字，王国维《兮甲盘跋》认为"尹"是其官，兮是其氏。结合史料，尹吉甫也就是兮伯吉父、兮甲，又作伯甫。

尹吉甫是宣王时期文武双全的中兴名臣，他既是中国文学史上第一个确切记载姓名的诗人（比屈原还早四百年），更是一位智谋超群的三军统帅。这次战役令他崭露头角，为宣王所赏识，从此被宣王委以经营西北的重任。

在这次小规模战役结束三个月之后，兮甲（尹吉甫）更是指挥了是年著名的太原战役。

宣王对猃狁发动的太原战役，经过了深思熟虑。此战一改先前周王室对猃狁的被动应战、防御性作战，而是深入敌穴的纵深战斗，经此一役，西周大军成功地将猃狁赶至太原以北。

为应对六月对猃狁的大规模战役，周宣王做了充足的政治经济准备。兵马未动粮草先行，兮甲盘铭文记载"王令甲政（征）司（治）成周四方责（积），至于南淮夷"，王国维以为这句铭文意思是周宣王命兮甲负责征收成周与东方诸侯的进贡，为军事出征未雨绸缪。不难看出，尹吉甫征收成周及周边诸邦乃至南淮夷的委积，乃是为六月即将到来的大规模战争做军事动员。

著名的《诗经·小雅·六月》记载的正是宣王五年六月组织的这次大规模的太原战役。其全文如下：

六月栖栖，戎车既饬。四牡骙骙，载是常服。猃狁孔炽，我是用急。王于出征，以匡王国。

比物四骊，闲之维则。维此六月，既成我服。我服既成，于三十里。王于出征，以佐天子。

四牡修广，其大有颙。薄伐猃狁，以奏肤公。有严有翼，共武之服。共武之服，以定王国。

猃狁匪茹，整居焦获。侵镐及方，至于泾阳。织文鸟章，白旆央央。元戎十乘，以先启行。

戎车既安，如轾如轩。四牡既佶，既佶且闲。薄伐猃狁，至于大原。文武吉甫，万邦为宪。

  吉甫燕喜，既多受祉。来归自镐，我行永久。饮御诸友，炰鳖脍鲤。侯谁在矣？张仲孝友。

  这首著名的诗歌传神地描写了太原会战的光辉历程，颂扬了三军主帅尹吉甫的指挥若定、文韬武略。诗歌总共六段，每段为八句，朗朗上口，生动明快。

  起首以追记的新闻报道体发端，前四段诗文集中描写了这次战争的起因、时间、地点，以及天子大军在尹吉甫的亲自指挥下反应迅速，突出了战士们摩拳擦掌、厉兵秣马的昂扬斗志。

  从诗歌内容分析，很可能是狁在三月的余吾战斗中失败，因此恼羞成怒，故主动出击，意图雪耻复仇。

  全诗首先用急迫的语气让人们紧张起来。在忙于农事的六月里，十万火急的战报传来，狁烧杀抢掠，嚣张气焰跃然纸上。二、三两段则转向对中央大军的描写。诗文用四骊之"维则""修广""其大有颙"展示周王大军的军马强健、装备精良，以"我服既成"的及时迅速、"有严有翼，共武之服"的纪律严明、"以奏肤公"的昂扬斗志和"以佐天子"的家国雄心，全面展现了周军的威武强

167

大和主帅尹吉甫的英睿果决,可谓分析了敌我的战斗精神状态。

第四段则侧重说明双方的战斗布局和军事方位,用敌军的凶恶衬托周军的英勇善战。"狁匪茹,整居焦获。侵镐及方,至于泾阳",正可见狁的一路破袭,盲目冒进;由敌军的强悍反衬西周的虎贲大军攻无不取、战无不克的所向披靡。第五段讲述双方短兵激战,这场大决战在诗歌中只使用了三个"既"字——"戎车既安,如轾如轩。四牡既佶,既佶且闲",就体现得活灵活现了。

尹吉甫指挥的周王大军以势如破竹的战力将狁一举击溃,一路乘胜追击,敌人作鸟兽散,周军一下解放了太原,如万军之中一剑封喉,攻入了敌军的核心地区。在战果辉煌的喜悦之中,将士们都对主帅尹吉甫心悦诚服,齐声欢呼。从享受太原会战的胜利到献捷的欢宴,诗文势如飞瀑落山,又如河过险滩,浩荡而雄阔,跌宕起伏,华美溢彩。最后一部分,诗歌描写了共贺凯旋的庆功宴。从血雨横飞的战场来到煌煌的京师镐京,一切亦真亦幻,自豪与感慨不禁油然而生。

这首诗中，"万邦为宪"的尹吉甫是克敌制胜的大英雄。尹吉甫虽为中兴的武将，但诗歌别出心裁，并没有刻意描写尹吉甫正面的英武，而是通过士兵的赞美、心腹的誓死跟随，展现了一代名将尹吉甫指挥若定、高瞻远瞩的宏阔。虽然面临"狁孔炽，我是用急"的危急局面，尹吉甫却是任凭风吹浪打，胜似闲庭信步。"六月栖栖，戎车既饬。四牡骙骙，载是常服"，"戎车既安，如轾如轩。四牡既佶，既佶且闲"，周军训练有素，车马合乎法度，充分表现了尹吉甫指点江山、泰山崩于前而面不改色的大军事家风采。

狁与西周一样，军队以战车为主要作战装备，日行约十五公里，据此，狁由泾河上游出发，十天左右即可到达渭河平原北部京师（豳），二十天左右即可到达西周镐京。在这样短促的防御距离和短暂的行军时间内，按照常理，周军很难及时阻击狁的闪电战，可知尹吉甫统率的周军能否在短促的防御距离和短暂的时间内及时反应并有效抗击南侵的狁大军，关系到西周腹地、都城和整个王室的安危。而"狁匪茹，整居焦获。侵镐及方，至于泾阳"的记载,也说明了猃狁大军其时的剽悍骄慢。周宣王慧眼识英雄,用人不疑,尹吉甫受命于危难之际,沈谋果断,最终大破猃狁,并领军反击到猃狁腹地,战功显赫,可谓有巩固王室之功。这就不难理解当尹吉甫在太原战役凯旋之后,受到了周宣王燕礼的高规格待遇,宣王"以燕礼乐之",吉甫"多受赏赐""燕赐厚"。

尹吉甫指挥的太原战役大胜猃狁,使得猃狁南下的企图受到重挫,周宣王拓展防御纵深, 御敌于腹心之外,更反击到属于猃狁核心的太原地区。如果攻占太原并巩固这一据点,西周将有效拓展防御纵深并延长西北战略线的反应时间,与猃狁相持的形势将得到很大改善。但可惜的是,宣王未能成功建立稳固的据点,这大概与宣王初即位、改革刚刚开始的内政有关,国力尚不足以支持与猃狁旷日持久的消耗战。

三、南仲北伐

太原会战之外,宣王更以南仲为帅,攻打猃狁。尹吉甫与南仲互相配合、协同作战,恰如汉武帝时期远征匈奴的霍去病与卫青。

南仲北伐记载在《诗经·小雅·出车》中：

我出我车，于彼牧矣。自天子所，谓我来矣。召彼仆夫，谓之载矣。王事多难，维其棘矣。

我出我车，于彼郊矣。设此旐矣，建彼旄矣。彼旟旐斯，胡不旆旆？忧心悄悄，仆夫况瘁。

王命南仲，往城于方。出车彭彭，旂旐央央。天子命我，城彼朔方。赫赫南仲，玁狁于襄。

昔我往矣，黍稷方华。今我来思，雨雪载途。王事多难，不遑启居。岂不怀归？畏此简书。

喓喓草虫，趯趯阜螽。未见君子，忧心忡忡。既见君子，我心则降。赫赫南仲，薄伐西戎。

春日迟迟，卉木萋萋。仓庚喈喈，采蘩祁祁。执讯获丑，薄言还归。赫赫南仲，玁狁于夷。

《诗经·小雅·出车》是尹吉甫在南仲北伐玁狁凯旋之后亲自为战友撰写的军旅诗歌，全诗极力称颂宣王的英明神武，同时高度赞扬了统帅南仲的英勇谋略与忠心为国，表达了出征在外将士们幽怨的思乡之情。

可以推知，南仲北伐当是在尹吉甫太原战役之后，周军主动出击，可能是寻找猃狁主力进行的一场大决战。

从诗歌来看，南仲在宣王下达作战命令之后，以丈夫许国、不必相送的壮志，匈奴未灭、何以家为的雄浑气魄，开始了长期御敌于国门之外的经营。南仲大军并没有孤军深入，而是采用先固守军营城堡，在朔方屯田筑城，稳扎稳打，步步进逼的方略，与猃狁周旋。

因此南仲的北伐持续时间有数年之久。随着旷日持久的对峙，猃狁斗志懈怠，南仲才开始调集大军，对猃狁发起总进攻，把猃狁打得大败而远遁。其后南仲大军挟无敌军威，又讨伐平定了西戎地区，其戎马倥偬，可谓"一年三百六十日，都是横戈马上行"。

全诗描绘了受命点兵、建旗树帜、出征北伐、转战西戎、途中怀乡、得胜而归六个不同时空的历史交错画面，诗歌借助思乡爱子、精忠报国情感的抒发，将这些完全不同的时空场景糅合、贯通，为我们展开了一幅真实、广阔的南仲北伐的风情画卷。

清人方玉润赞叹这首诗歌说："此诗以伐猃狁为主脑，西戎为余波，凯还为正义，出征为追述，征夫往来所见为实景,室家思念为虚怀。头绪既多,结体易于散漫。……唯全诗一城狁狁,一伐狁狁,一归献俘。皆以南仲为束笔。不唯见功归将之美,而且有制局整严之妙。作者匠心独运处,故能使繁者理而散者齐也。"对其结构的分析简直绝妙至极。

周原遗址车马坑出土的青铜车轴

四、洛阳战役

北洛河主要流经黄土高原丘陵、台塬与阶地,自北洛河上游出发,沿北洛河谷地至渭河平原东部的第四条路线也曾为狁狁所用,这可能是狁狁在主要的中部战线受挫之后,实力大不如前,因此转变思路,兵出险招。

虢季子白盘铭文记载的宣王十二年洛水之阳的大战,就是在这条战线上的争夺。

虢季子白盘是周宣王军事隆盛、政治勃发的鲜活证据。在今日中国国家博物馆的藏品中,有一件器物被誉为西周青铜器的魁首杰作,它就是著名的虢季子白盘。其盘长137.2厘米,宽86.5厘米,通高39.5厘米,重215.5千克,这是目前所见体积最大的西周青铜器。

虢季子白盘之所以被视为西周青铜器的冠军，在于它有如下与众不同的特点：其一，盘作为商周时期的水器，其造型多为圆形，如著名的散氏盘、史墙盘等都为圆形；而虢季子白盘却是长方形，其造型巨大隆重，纹饰精美华丽，是迄今所见最大的铜盘，在当时来说，其成型铸造的难度明显高于圆盘。其二，虢季子白盘铭文被视为西周金文中的绝品。其铭文语句以四字为主，且修饰用韵，文辞优美，行文与《诗经》类似，是青铜器上的美丽诗歌，其字体是介于大篆和小篆之间的籀书，可谓是价值连城的艺术品。虢季子白盘的金文排列方式与字形处理方式也有别于其他西周铭文，非常注意每一文字的单独性，线条整体呈现出清丽流畅的感觉，同时字形有疏密避让的追求，一些线条刻意被拉长，营造了起伏跌宕的空间效果，故而呈现出清丽秀逸的格调。虢季子白盘的铭文内容是研究西周晚期政治文化的重要史料，也是宣王中兴强有力的实物见证。

虢季子白盘内底铸有铭文8行111字，详细记述了虢季子白奉周宣王之命征伐猃狁，斩敌首五百，俘虏五十，为西周天下立下了赫赫战功，周宣王宴飨虢季子白，并赏赐子白战马、弓矢、钺以资勉励。

其文曰：

唯十又二年正月初吉丁亥，虢季子白作宝盘，丕显子白，壮武于戎工，经维四方。薄伐猃狁，于洛之阳。折首五百，执讯五十，是以先行。桓桓子白，献馘于王，王孔嘉子白义，王格周庙，宣榭爰飨。王曰伯父，孔显有光。王赐乘马，是用佐王。赐用弓彤矢，其央；赐用钺，用政蛮方。子子孙孙，万年无疆。

这段文字很好理解，讲述了宣王十二年正月虢季子白在洛水之阳打败来犯的猃狁，缴获甚多，受到宣王的褒奖。《诗经·小雅·彤弓》则以文献形式再现了虢季子白受到宣王隆重接待的情形，正可与虢季子白盘铭文互相参看：

彤弓弨兮，受言藏之。我有嘉宾，中心贶之。钟鼓既设，一朝飨之。

彤弓弨兮，受言载之。我有嘉宾，中心喜之。钟鼓既设，一朝右之。

彤弓弨兮，受言櫜之。我有嘉宾，中心好之。钟鼓既设，一朝酬之。

这是宣王对作战有功的虢季子白的赞美之辞，周天子将自己用过的彤弓赏赐给虢季子白，并设庆功宴隆重招待他。诗歌写到彤弓的收藏动作、天子的高兴心情、频频劝酒的举止等。

诗歌中"我有嘉宾，中心贶之"的"我"就是指周宣王。宣王把大臣虢季子白称为嘉宾，对作战有功将领的宠爱之情可谓溢于言表。"中心"意思就是真心，情真诚恳。"钟鼓既设，一朝飨之"，是说宴会的场面隆重肃穆，周宣王为虢季子白庆功，也彰显了自己的文治武功。东莱吕氏说："受言藏之，言其重也，弓人所献，藏之王府，以待有功，不敢轻与人也。中心贶之，言其诚也，中心实欲贶之，非由外也。一朝飨之，言其速也，以王府宝藏之弓，一朝举以畀人，未尝有迟留顾惜之意也。"从中当可窥见宣王对在西北大破狁、苦心经营中有功人员的嘉奖和真心诚意。

对西北的长期经营，不仅是宣王和名臣宿将们梦寐以求的政事，也是普通士卒英勇杀敌、甘于奉献的结果。

《诗经·小雅·采薇》就是描述宣王经营西北的诗歌名篇，全诗六段，每八句为一段，采用宣王中兴时期经营西北的一名戍卒的口吻，以采薇起兴，着重刻画了戍边征战猃狁生活的艰苦、驻防塞外的士卒强烈的思乡情绪以及久久不能回家的忧郁，抒发的感情真挚动人，透露出周军士卒既有战胜猃狁的喜悦，也深感征战之苦，期望一家团聚的矛盾心绪。

采薇采薇，薇亦作止。曰归曰归，岁亦莫止。靡室靡家，猃狁之故。不遑启居，猃狁之故。

采薇采薇，薇亦柔止。曰归曰归，心亦忧止。忧心烈烈，载饥载渴。我戍未定，靡使归聘。

采薇采薇，薇亦刚止。曰归曰归，岁亦阳止。王事靡盬，不遑启处。忧心孔疚，我行不来！

彼尔维何？维常之华。彼路斯何？君子之车。戎车既驾，四牡业业。岂敢定居？一月三捷。

驾彼四牡，四牡骙骙。君子所依，小人所腓。四牡翼翼，象弭鱼服。岂不日戒？猃狁孔棘！

昔我往矣，杨柳依依。今我来思，雨雪霏霏。行道迟迟，载渴载饥。我心伤悲，莫知我哀！

该诗的写作年代不详，过去学者多以为它是周文王时代的作品，汉儒则以为是周懿王时期，但更多人主张产生于宣王之际。有学者说"宣王之世，既驱猃狁，劳其还师之诗，前四章皆兴也，下二章皆赋也"。依据史书记载并用《小雅》其他诗篇来参详印证，我们以为该诗作于宣王之时大致可信。这首诗歌以平民视角反映了宣王之际与北方猃狁部族长期的消耗战争，充满人文关怀，堪称是宣王中兴时期军旅文学的代表佳作。

这首诗歌的主题是严肃而抒情的。诗歌描述了因宣王北伐猃狁而长期屯驻塞外的普通士卒的日常生活，洋溢着浓厚的爱国情怀，也充满了温馨的家园柔情。

诗歌的家国意识主要是通过对猃狁的仇恨展现出来的。"不遑启居""不遑启处""岂敢定居""岂不日戒"的日常战备和军事操练，掩藏着士卒们内心深处对故乡家人的深切思念。诗歌以动人的自然景物描写：薇之生、薇之柔、薇之刚、棠棣花开、依依杨柳、霏霏雨雪，共同构筑了士卒军旅生涯的双重面。

《毛诗序》解读说:"采薇,遣戍役也。"

仔细分析这首诗歌,第一段是写将士启行出征,原因是狁的侵略,体现了保家卫国的情怀;第二段是人在旅途,风刀霜剑,都只为家人安宁;第三、四段是写与敌激战,晓行夜宿,辛苦异常;第五段则是写日常战备和战事胜利;最后一段则是在凯旋途中心生的感慨。"可怜无定河边骨,犹是春闺梦里人。"

这首诗歌的前三段以采薇起首,一开始就展示了一幅凄美若雏菊、像樱花的屯田戍边生活场景:士兵们一边在荒野上采集野菜,一边望着看不见的故乡,心底计算着归家的日期……第一段开头的两句如此写道:"采薇采薇,薇亦作止",描写的是春天。第二段则是写夏天。第三段是秋日景致,薇菜由嫩而老,韶华流逝;戍卒思归,一年将尽,归家依然遥遥无期。

诗歌四、五段则像是给故人追述西北军旅的艰苦生活,展现了周军军容之壮、戒备之严,其情调也由忧伤的儿女情长转为激昂的家国天下。第四段前四句,诗人自问自答，以"维常之华"兴起"君子之车"，流露出周军在宣王时期特有的自豪之情。然后围绕战车描写了两个战斗场面："戎车既驾，四牡业业。岂敢定居？一月三捷。"这描写了周军在西北地区威武的军容、高昂的士气和辉煌的胜利；"驾彼四牡，四牡骙骙。君子所依，小人所腓。"这具体描写了在战车的掩护和将帅的指挥下，士卒们紧随战车冲锋陷阵、浴血拼杀的情景。接着，诗歌由战斗场面转而聚焦周天子大军的武器装备："四牡翼翼，象弭鱼服。"军马强壮而训练有素，武器精良而战无不胜。将士们枕戈待旦，只因为猃狁实在猖狂，"岂不日戒？猃狁孔棘"，这既反映了当时西北边关的紧张形势，也道出了士兵为什么不顾妻儿老小，不能安居乐业。诗歌反复说这是因为"猃狁之故"，为了不让猃狁入侵，他们不得不抛家弃室，出征远戍，思之读之，颇有后世霍去病"匈奴未灭，何以家为"的凛然风骨。

"昔我往矣，杨柳依依。今我来思，雨雪霏霏。"将士们的细腻情怀与缠绵、飘忽的情思，如风景画作一般自然流淌而出，含蓄隽永，深情款款。这四句诗歌被不少人誉为《诗经》中最好的句子：

谢灵运曾因子弟集聚，问弟子《毛诗》中何句最佳？弟子都说："昔我往矣，杨柳依依。今我来思，雨雪霏霏。"

这最佳的句子也恰当地描述了西周时期一个最好的时代。当今天情侣、朋友之间吟诵"昔我往矣，杨柳依依。今我来思，雨雪霏霏"的时候，谁人还知晓浴血疆场的周军战士？

经过周宣王的连续军事打击，猃狁损失殆尽，南下攻势被有力遏制，猃狁造成的周廷外患得到消解。宣王十六年九月，"(宣)王亲令克，遹泾东至于京师"，克奉王命巡视，沿着泾水东岸抵达京师（即豳，今陕西旬邑西南）都没有看到猃狁踪影。可知长期以来在这一带的猃狁之祸此时已经渐渐平息。

猃狁衰败，西周统治中心地区得到了安定和发展，边塞地区的民众生活得到了较好保护，这既为宣王中兴的内政创造了有利的外部环境，也是宣王中兴在军事外交上的突出表现。

虽然猃狁遭到了沉重打击，一度退出中原，但其实力尚存，《今本竹书纪年》《后汉书》都记载，周宣王三十三年，"王师伐太原之戎，不克"，这是宣王中兴开始走向危机的一大标志。

第六章 南征楚淮

第一节 方叔征楚

在征讨西北方狁狁和西戎的同时,宣王又命老将方叔率兵攻伐南方江汉地区日益强大起来而不服王廷的楚国。

楚国当时被称为"蛮荆",周成王时期"封熊绎于楚蛮,封以子男之田,姓芈氏,居丹阳",但是楚国"唯是桃弧棘矢以共御王事",很少承担对周天子的职贡义务,不受约束、自我膨胀,因而屡次与周王廷发生军事冲突。虽然楚子熊绎曾经奔赴岐阳参加周成王的诸侯大会,却因蛮荆身份,只能"置茅蕝,设望表,与鲜卑守燎,故不与盟",受到不公正待遇和歧视,因此直到西周灭亡,楚国与周

方叔像

王室也并不存在相互聘享告命的严格君臣关系。

周王伐楚之战历代皆有。成王之时，矢令簋铭文说"唯王于伐楚伯，在炎"，《逸周书》更记载有周公曾经征伐"熊盈族十有七国"的史实。昭王时亲伐楚国更是南征不返，史墙盘粉饰周王的失败说"弘鲁昭王，广能荆楚"。周夷王时王权衰弱，楚国利用绝好机会获得巨大发展，其君熊渠更是深得江汉之间民心，因此分封自己的儿子各自称王，楚国的势力一时遍达江南之地，严重挑战了周王室的中央权威。

《诗经·小雅·采芑》记录的正是周宣王时期大将方叔为征伐楚国而举行大规模军演的一段历史。

宣王派遣大将方叔南下伐楚，可谓长期经营。楚国与王室离心离德、不服王命，作为王朝元老的方叔这次受命为将，率车三千乘以伐楚国，规模堪称空前。

三千乘是周王室出兵之最。按照周代军制计算，三千乘共计出兵三万六千人，比西周的西六师、成周八师的常备军总兵力还多一千，可见方叔征伐楚国几乎动员了周之三军，倾全国之力，这次伐楚规模是相当庞大的。

方叔统率的周军明显具备优势，中央大军以闪电战法无往不摧，伐楚势如破竹，多有擒获。《今本竹书纪年》把此战记在宣王五年八月，正当尹吉甫指挥与猃狁的太原决战之后，周军士气正旺，可谓是挟北方大胜之威，雷霆万钧。《诗经·小雅·采芑》赞扬说"方叔元老，克壮其犹"，大概这时方叔年事已高，但壮士暮年雄心不已。方叔之前参加了与猃狁、南淮夷之战，"一年三百六十日，都是横戈马上行"，这次宣王令他率军伐楚，可见他是军政经验丰富、深为宣王倚重的干将，因此郑玄才说"方叔先与吉甫征伐猃狁，今特往伐蛮荆，皆使来服于宣王之威，美其功之多也"。

　　楚国平定之后，宣王在九年九月还曾经"征眉敖"。次年"二月，眉敖至见，献帛。己未，王命中（即仲）致归乖伯骙"。郭沫若考释"眉敖当即微国之君，其故地在今四川巴县"，"归乖伯，即归国之乖伯也。……古有归子国，其故地即今湖北秭归县"。正是由于宣王征楚、征眉敖，南方的微、归诸国都相继来朝觐周宣王，表示服从中央，周室在南国声威大振。

第二节　威服淮夷

"南淮夷"之称出现于西周晚期金文，它是当时周人对处于成周以南、淮水两岸包括嬴、偃两大姓氏的众多邦国组成的部族联盟的总称。嬴姓淮夷以徐国为大邦，居于淮泗之上；偃姓淮夷则有桐、群舒等，处于江淮之间。嬴、偃两大姓氏本同以传说中的少昊氏为远祖，到了大禹时代，皋陶氏因居曲阜之地而被尧帝赐以偃姓。商代在东方有东夷集团，嬴姓淮夷即此集团的主要成员之一。

周朝建立以后，周天子视嬴姓淮夷部族为殷商遗民，对之采取军事征服与经济殖民政策。经过成王、穆王两代大规模的军事征讨，嬴姓淮夷部族的反抗运动遭到镇压，但仍时叛时服。夷王时，嬴、偃两大姓氏众部族更结为联盟共同抗周，并一度击败周夷王。

厉王时，南疆形势更加恶化，南淮夷的侵扰更为频繁。敔簋铭文载："佳王十月，王才成周，南淮夷迁（窜）及内，伐……参泉、裕敏、阴阳洛。王令敔追御于上洛……至于伊，班。"这里的"阴阳洛""上洛""伊"都与成周之南的伊水、洛水有关，可见南淮夷侵略气焰嚣张，已经达到了周廷的中心地带。

鉴于南淮夷的屡次作乱和不服王命，宣王认识到要加强对南淮夷地区的控制与经营，在征狁狁、伐荆楚取得决定性胜利后，周室大军即挥师东南平叛。

当时南淮夷地区的农业生产水平和社会经济状况与中原地区不相上下，其农作物以稻、麦为主，蚕桑纺织都比较发达。1959年安徽舒城出土的春秋早期墓葬遗物中有不少绢麻织品，就是南淮夷手工业发达最好的考古实物见证。南淮夷地区矿藏丰富，有美玉、铜、锡等宝贵自然资源。1979年安徽潜山薛家岗新石器晚期文化遗址出土的大批精美绝伦的玉制品，说明南淮夷地区盛产美玉由来已久。铜、锡更是南淮夷地区的重要战略物产。其他的土特产品则有珍珠、鱼类、磬石、桐木、美竹、兽齿、皮革、元龟，等等，物产丰富、琳琅满目，更重要的是南淮夷还有自己的商贸活动。

宣王征南淮夷，重视的是它的经济战略价值。宣王征伐南淮夷的细节见载于金文史料,重要的有兮甲盘、师衰殷和驹父盨。

兮甲盘,兮甲即中兴名臣尹吉甫,此盘把宣王的北伐和南征完全连接起来,价值重大。

兮甲盘的铭文:

唯五年三月既死霸庚寅,王初略伐猃狁于彭衙。兮甲从王,折首执讯,休亡泯,王锡兮甲马四匹,驹车。王命甲政司成周四方积,至于南淮夷。淮夷旧我帛晦(贿)人,毋敢不出其帛,其积,其进人,其贾毋敢不即次即市,敢不用命,则即刑扑伐。其唯我诸侯、百姓厥贾毋不即市,毋敢或入蛮宄贾,则亦刑。兮白吉父作盘,其眉寿万年无疆,子子孙孙永宝用。

我们翻译如下:

宣王五年三月既死霸庚寅日,宣王亲驰疆场伐猃狁,兮甲随王出征,战获有功,受到天子的嘉奖和锡命,并且被委以重任,管理成周四方以至南淮夷的粮赋征收,重申南淮夷是周朝的臣民,原向我周朝交纳贡帛的农人,不得欠缴贡帛、粮赋,必须完全交纳。南淮夷的商贾贸易也必须到周王室指定的集市上进行，不得扰乱地方和市肆，违抗者则惩罚。周朝的诸侯百姓的商贾贸易也应到集市进行，严禁私下与奸商做买卖。

兮甲盘铭文反复强调了商贾之事，不论是南淮夷抑或是诸侯百姓的商贾贸易，都必须到指定的集市上进行。

尹吉甫先随宣王伐猃狁有功，因此被委以管理成周四方以及南淮夷地区的粮赋征收的重任，并兼理商贾贸易集市之事。这明显与当时北伐猃狁即将展开的太原战役急需补充军事物资密切相关。

师袁殷铭文则提到周宣王命师袁率领齐国与其他四支东南部族军以及左右虎臣，征伐淮夷，斩杀淮夷诸邦首领四人，俘获甚多。

《诗经·大雅·常武》《诗经·大雅·江汉》两篇记载了宣王命南仲、程伯休父、召伯虎等名将征伐淮夷、南淮夷中最大的部族——徐方的史事。

《诗经·大雅·常武》全文如下：

赫赫明明，王命卿士，南仲大祖，大师皇父。整我六师，以修我戎，既敬既戒，惠此南国。

王谓尹氏，命程伯休父，左右陈行，戒我师旅。率彼淮浦，省此徐土，不留不处，三事就绪。

　　赫赫业业，有严天子，王舒保作，匪绍匪游。徐方绎骚，震惊徐方，如雷如霆，徐方震惊。

　　王奋厥武，如震如怒，进厥虎臣，阚如虓虎。铺敦淮濆，仍执丑虏，截彼淮浦，王师之所。

　　王旅啴啴，如飞如翰，如江如汉，如山之苞。如川之流，绵绵翼翼，不测不克，濯征徐国。

　　王犹允塞，徐方既来，徐方既同，天子之功。四方既平，徐方来庭，徐方不回，王曰还归。

　　这首诗歌完全是按照征伐南淮夷军事方略的发展来记叙的。

　　第一段描述周宣王派遣信任的大将南仲征伐淮夷。南仲作为宣王朝的太师，曾经北伐猃狁，筑城朔方，是威震天下的虎将，这次南征由他统领六军自然是宣王知人善任，南仲老马识途，驾轻就熟。

　　诗歌第二段则是描述军事命令的下达。部队集结待命，尹氏也就是尹吉甫向虎贲大将程伯休父下达备战命令,简洁凝练地表现了尹吉甫、南仲、程伯休父等大将们坚决贯彻宣王南征战略,也突出了周宣王高屋建瓴、气吞山河的气魄及众将同仇敌忾、指挥若定的军事才能。

诗歌第三段描述周军出动的威武雄壮。诗歌细腻地刻画了将帅同心、斗志昂扬的生动画面:天子运筹,高瞻远瞩;将帅奉命,帷幄帐中;士卒效命,奋勇向前,表现了周军无往而不胜的坚定信心。

反观徐国,则是处于一片恐慌之中,阵营骚动,面对周师的闪电进军仓皇失措,作鸟兽散。敌我情势对比,显示出仁义之师的无敌和敌军的不堪一击。

诗歌第四段是描述王师弹压徐夷的势不可挡。天子大军雷霆出击,宣王雄姿英发,大军势如猛虎、快如蛟龙,一路高歌猛进,势如破竹。

天子大军攻打到淮河流域,缴获大量辎重,俘虏敌人无数,像一把尖刀插入了敌人的心脏。周师主力在敌人的咽喉之地虎踞龙盘,为最后的剿匪戡乱厉兵秣马。

诗歌第五段描述王师的军威赫赫。朱熹曾经解释这段说:"如飞如翰,疾也;如江如汉,众也;如山不可动也;

如川不可御也。绵绵不可绝也；翼翼不可乱也。不测，不可知也；不克，不可胜也。"可谓恰当。

这段诗歌情绪高亢、一气呵成，如滔滔江水连绵不绝，又似黄河泛滥一发而不可收，修辞上排比相连，飞沙走石，笔墨传神，讴歌不尽，可以说是全诗的诗眼所在。

诗歌第六段描述徐方平定，王师凯旋，三军将士并不居功自傲，而是把辉煌的胜利归功于周宣王的英明决策。

诗歌极力赞颂周宣王南征的战略，末尾的"王曰还归"与开头部分的"王命卿士"呼应，表现了整个南征过程中宣王心境的不同，从昔日的形势危殆到今天的四海归一，宣王也不由得洋洋得意起来。

清人方玉润对此诗评价甚高，说它："诗首命将，次置副，三乃亲征，四、五则皆临阵指麾，出奇进攻诸事。盖誓师则必敬必戒，整队则成列成行。循淮而下，直薄徐土。军未行而先声已震，阵甫列而丑虏成禽。静守则如山之苞，势不可撼；动攻则如川之流，气莫能当。有猛士尤贵奇谋，故不测而不克；有偏师及行正道，故绵绵而翼翼。截彼淮浦，防其逸，尤用击援；濯征徐国，擒渠魁，并剿余孽。"此分析十分到位，让我们可以很好地理解宣王南征淮夷的整个过程。

如果说《常武》是天子亲征南淮夷的记载，《江汉》则是记叙召伯虎荡平淮夷，受到周宣王赏赐的诗。

江汉浮浮，武夫滔滔。匪安匪游，淮夷来求。既出我车，既设我旟。匪安匪舒，淮夷来铺。

江汉汤汤，武夫洸洸。经营四方，告成于王。四方既平，王国庶定。时靡有争，王心载宁。

江汉之浒，王命召虎：式辟四方，彻我疆土。匪疚匪棘，王国来极。于疆于理，至于南海。

王命召虎：来旬来宣。文武受命，召公维翰。无曰予小子，召公是似。肇敏戎公，用锡尔祉。

釐尔圭瓒，秬鬯一卣。告于文人，锡山土田。于周受命，自召祖命，虎拜稽首：天子万年！

虎拜稽首，对扬王休。作召公考：天子万寿！明明天子，令闻不已，矢其文德，洽此四国。

这首诗歌一般被认为是大臣尹吉甫为同朝为官的召伯虎所作，诗文描述了召伯虎参与南征，宣扬了天子之威仪,实现了大周的辟土服远战略,在平定南淮夷之后,受到周宣王隆重礼遇的整个过程。

全诗总计六段,每段为八句,赞扬了大臣召伯虎平定淮夷的文治武功,以周宣王与大臣之间的和谐交往表现了中兴君臣的勠力同心、勤勉奋发。

诗歌并没有详细描述南征的过程,而是从新角度出发,巧妙构思,用江海汉水比喻天子的威德及文治武功的显赫无比。

伐淮夷之战发生在北伐猃狁之后,当时北土安宁,如今南国归心,所以诗歌用"经营四方"四个字,宣扬了周天子南征北战、为国操劳所取得的赫赫战功。"四方既平,王国庶定"则告诉我们平定南淮夷之后,当时的西周王朝已经消除了外患内忧,达到了天下一统、万民归心的中兴盛世,这时候的周天子也能够睡个好觉了。

在汉江之畔,召伯虎受命治理新征服地方的子民百姓。

诗歌以召伯虎的献捷于王、告成天下引出赏赐大典的君臣对话。宣王对召伯虎寄予厚望,希望他马上打天下,下马治万民,在南疆为国分忧,"式辟四方,彻我疆土。

匪疚匪棘，王国来极。于疆于理，至于南海"，好好统御这里的民众，管理好新开辟的国土，从而把英明睿智、雄才大略的周天子形象刻画得栩栩如生。

为了表彰功勋大臣，激励他们再立新功，宣王对召伯虎赏赐甚厚，希望殷殷不以言表，诗歌中以"文武受命，召公维翰。无曰予小子，召公是似"表彰召公先祖召康公辅助周文王、武王开国的伟大功业，希望召伯虎承前启后，不负先人，再建功勋。诗歌的第五、六段详述了周宣王对召伯虎的隆重赏赐和召伯虎忠心为国、效忠宣王、肝脑涂地的决绝心情。

最后诗歌在高声赞扬周宣王的至德英睿的高潮中结束，全诗集中表现出宣王中兴时代君臣休戚与共、共同奋斗的昂扬风貌。

我们知道，召伯虎救过周宣王的性命，又扶其登上王位，更在宣王立足未稳之时，辅佐宣王化解宗族矛盾，可谓是数合诸侯，一匡天下，如今又不顾老迈，亲自挂帅平定边患，堪称忠义无双、功勋卓著。

这首诗可谓充分表现了中兴元老功臣召伯虎的政治

高度。唐代韩愈撰写的《平淮西碑》记述了唐代宪宗中兴时期，也就是元和十二年（817年）裴度平定淮西藩镇吴元济的战事，其文素来被认为雄浑而典雅，其实《平淮西碑》就是在深入研究《江汉》篇的基础上模仿撰写的，可谓一脉相承。

桐城派大文学家张裕钊称赞韩愈的《平淮西碑》时也说"此文自秦后，殆无能为之者，……殆欲度越盛汉，与周人并席矣"。可见，在文学圈子中，大家也认为韩愈《平淮西碑》的文采可与尹吉甫所写的歌颂召伯虎的《江汉》相媲美，两者在文坛堪称是"一时瑜亮"。

《江汉》《常武》两首诗歌所叙事件的历史背景与师衮殷铭文大致相同。师衮是为宣王征伐南淮夷，披坚执锐、沙场浴血的主要将领之一。

经过几次大的军事行动，宣王时期南淮夷上表称臣，不敢再生叛乱，从而顺从地向周天子献纳贡品。这种归顺关系见于驹父盨铭文：

唯王十又八年正月，南仲邦父命驹父即（鸠）南诸侯，帅高父见南淮夷，厥取厥服。堇夷，厥遂不敢不敬畏王命,逆见我,厥献厥服。 我乃至于淮,小大邦亡敢不(储)俱逆王命。 四月,还,至于蔡。作旅盨,驹父其万年永用多休。

这段铭文的大意是说,周宣王十八年正月,驹父受执政大臣南仲邦父之命到南国巡视,会见南国的诸侯。 驹父到淮水之上,南淮夷大小邦国无不敬畏王命,均来相见,并热情献纳赋税贡品 。 四月驹父回朝廷复命,完成了这项光荣的任务,因此作了这件青铜器以为纪念。

南淮夷能如此敬畏周室,对天子使节毕恭毕敬,对天子俯首称臣,这在整个西周的历史上也是很少见的,这充分说明了宣王平定南淮夷的巨大成功。

铭文中南仲命驹父即(鸠)南诸侯,是宣王征伐南淮夷后大会邦国、宣誓主权的有效政治措施。

南方大会之后五年,到宣王二十三年(前805年),南方业已稳定,于是周天子更筹备了二十四年的隆重朝见活动,这件军政盛事由文盨铭文娓娓道来:

唯王廿又三年八月,王命士智父,殷南邦君者(诸)侯,乃易(锡)马,王命文曰:"率道于小南。"唯五月初吉,还至成周,乍(作)旅须(盨),用(对)王休。

"殷南邦君者(诸)侯"是指周宣王召集南土的诸侯前来朝见,这次大典由宣王时期的司寇士𩛥父组织施行。司寇一职本就是"刑邦国、诘四方"的。这是万国来朝的盛会,文中的"乃易(錫)马",并不是赐给士𩛥父,而是周宣王赐给青铜器的器主文的。器主文是士𩛥父的僚属,可能是万国来朝大会的使者。王赐文以马,是命他"率道于小南"。"道"今作"导","率导"意即领路;"小南"也就是南土的小诸侯国。小国君长一生没有几次机会朝见天子,为表示隆重,宣王派遣文前往引路是很必要的。文的这一使命,先后历时九个月,从二十三年八月出发,到二十四年五月之初才回到成周洛阳复命。诸侯来朝需有人引路,返途则并不需要,因此这次朝见很可能就是在成周洛邑举行的,而峰会的时间是在二十四年的夏天。这是征伐淮夷战事结束后周宣王所采取的怀柔措施。

第三节 四夷宾服

所谓宣王中兴、四夷宾服,大致在周宣王二十四年(前804年)前后达到了极盛。

《诗经·小雅·南有嘉鱼》应该是这次朝会上吟诵的诗歌。

南有嘉鱼,烝然罩罩。君子有酒,嘉宾式燕以乐。

南有嘉鱼,烝然汕汕。君子有酒,嘉宾式燕以衎。

南有樛木,甘瓠累之。君子有酒,嘉宾式燕绥之。

翩翩者鵻,烝然来思。君子有酒,嘉宾式燕又思。

这首诗歌总计四段,每段四句。诗歌借景抒情,以自由自在游泳的鱼儿类比快乐开心的南国诸侯,以鱼水情深类比周王室和南国臣服诸侯之间信任和谐的新关系,巧妙地描述了周宣王民族和谐平等的君主胸怀。诗歌中的"南有嘉鱼,烝然罩罩""南有嘉鱼,烝然汕汕",生动地描写了产自南方的鱼儿悠然自得、往来随心的惬意。子非鱼,焉知鱼之乐?这好似是南国的诸侯们一同朝觐周宣王,在朝堂之上歌颂天子圣明,周天子盛情款待来宾,大家于觥筹交错、酒酣耳热之际,琴瑟和谐,笑语盈盈。南国鱼惬意,北地王安心,交相碰撞出悦耳的天籁之声,在丰盛的美味佳肴中,宴饮时的欢乐痛快展现得淋漓尽致。

诗歌的三、四两段别出心裁。参天大树上围绕着硕果累累的葫芦藤,天空中盘旋的鹁鸠神鸟可以幸福地栖息在伟岸的大树之上,这仿佛是周王室和南国诸侯共损共荣关系的象征,孔子所说的"为政以德,譬如北辰,居其所而众星拱之"与之何其相似!

参天大树比喻周宣王的核心地位,其恢宏的气度、大海般的胸怀让人着迷不已;紧密缠绕着伟岸大树的藤蔓正是南淮夷的象征。皮之不存,毛将焉附?这一幅和谐共生的美景代表了南淮夷与周王室之间亲密合作、同心同德的情态,也是盛典之上周宣王与南淮夷诸侯推杯换盏、祥和融洽的写照。

可以想见,这次宴会一定是歌功颂德之声不绝于耳,宾主尽欢而归。

宣王以刚柔并济的政策经营南淮夷，主要是为了在经济上充实国力，以打赢与猃狁的战争，这一目的是基本达到了。可以说，宣王的中兴之业很大程度上取决于对南淮夷、北猃狁征服的成功。内政和外事相辅相成，标志着宣王中兴的成熟化。

宣王北伐猃狁，与征南淮夷的性质还是有所区别的。

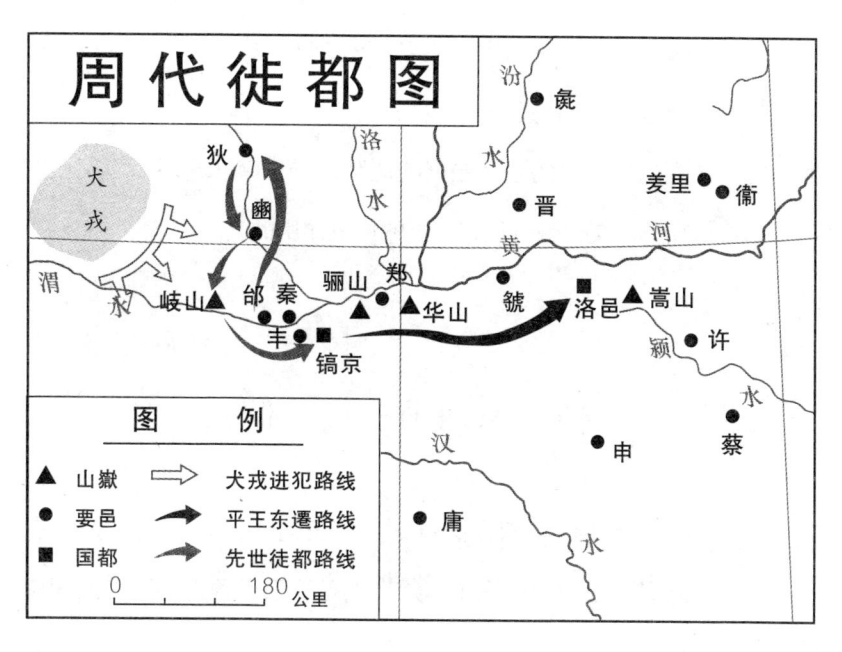

平王东迁

前者是被迫反击的卫国战争，后者则是自周朝建立以后对已经被征服的民族实行安抚为主、镇压为辅的政策的继续。南淮夷部族与周族之间虽然时有矛盾，最终也多有战争，但民族间的融合一直未有间断。南淮夷融合于中原华夏民族经历了一个漫长而痛苦的过程。

西周覆亡以后，周平王东迁，整个政治形势发生变化，周朝王室权威衰落，诸侯列强争霸称雄。这种形势对南淮夷部族集团也产生了深刻影响，徐、黄、江、桐、群舒等大小邦国纷纷宣告独立。

宣王时期对南淮夷的征服，对于南淮夷与华夏民族的经济、文化融合是有积极的促进作用的。

第四节　以戎制戎

在北伐和南征的同时，宣王对西戎这一边患并没有以周军主力主动出击，这自然是受限于国力，不能四面树敌，而是希望纵横捭阖，最终各个击破。于是，对西戎问题，宣王以四两拨千斤，希望依赖刚刚兴起的秦国为其效命，借力打力。

按照司马迁的说法，西戎叛乱发生在周厉王晚期："秦仲立三年，周厉王无道，诸侯或叛之。西戎反王室，灭犬丘大骆之族。"

西戎在周厉王时寇掠，一度攻入犬丘（今陕西兴平），灭掉了在那里的嬴姓大骆之族。

大骆之族与秦的关系比较复杂，这牵扯到秦部族的早期发展历史。众所周知，秦最初是给周王养马的民族，而且就居住在犬丘：

非子居犬丘，好马及畜，善养息之。犬丘人言之周孝王，孝王召使主马于汧渭之间，马大蕃息。孝王欲以为大骆适嗣。申侯之女为大骆妻，生子成为适。申侯乃言孝王曰："昔我先郦山之女，为戎胥轩妻，生中潏，以亲故归周，保西垂，西垂以其故和睦。今我复与大骆妻，生适子成。申骆重婚，西戎皆服，所以为王。王其图之。"于是孝王曰："昔伯翳为舜主畜，畜多息，故有土，赐姓嬴。今其后世亦为朕息马，朕其分土为附庸。"邑之秦，使复续嬴氏祀，号曰秦嬴。亦不废申侯之女子为骆适者，以和西戎。

从这段史料可以知道大骆族和秦嬴族的渊源。原来，秦嬴族属于大骆族，从非子一代才被封于秦邑，开始成为独立的一族。之后秦嬴生秦侯。秦侯立十年病死，生公伯。公伯立，当政三年也死了，这时候秦仲才得以继位。秦嬴之族传承到秦仲一代，大骆之族还居于犬丘，明确是与秦仲之族不同的另外一族，但毕竟血浓于水，外祖家被西戎所占，自然是同仇敌忾的，于是宣王就利用了这种血亲复仇。

《史记·秦本纪》记载：

周宣王即位，乃以秦仲为大夫，诛西戎。西戎杀秦仲。秦仲立二十三年，死于戎。有子五人，其长者曰庄公。周宣王乃召庄公昆弟五人，与兵七千人，使伐西戎，破之。于是复予秦仲后，及其先大骆地犬丘并有之，为西垂大夫。

宣王四年的时候，西周正筹备北伐猃狁，没有太多精力来对付和解决西戎之患，但鉴于西戎的咄咄逼人，便以天子的名义命令与被灭国的大骆同族的秦仲攻打西戎，同时也是为减轻猃狁之战的西侧压力,可谓外交手腕极为高明。可惜此役没有成功,秦仲被西戎俘获,不久被杀。但塞翁失马焉知非福,秦部族却由此开始走向崛起。

《毛诗》中就说秦是"秦仲始大,有车马礼乐侍御之好焉"。从秦仲开始,秦国开始了学习西周的礼乐制度的漫长历史过程。

秦仲被害之后,周宣王不甘心失败,于是召集秦仲之子秦庄公兄弟五人,"与兵七千人,使伐西戎,破之"。

这次援助,周宣王虽然依然集中于秦部族,但已不再只是精神上的激励和口头上的声援,而是以军事援助、政治指导为前提,一次性派给兵力七千人,这在西周时期不是个小数目。

西周时战争的主要形式是车战。当时的战车上载甲士三人,左主射,右主伐,中主御,而每一乘战车配备步卒十人为一战斗单位。周懿王时的禹鼎铭文记述一次伐戎战争,兵力仅有"戎车百乘,斯驭百,徒千"。春秋时期战争规模扩大,但著名的晋文公与楚争雄中原的城濮之战,霸主晋国也不过才出动战车七百乘进行决战。周宣王派兵

207

七千协助秦嬴伐戎，可匹配战车七百乘，这已经是空前的军事投入了，是很高规格的军事计划。可以说，这次援助也是宣王外交上的一次冒险。

传世器不其簋的铭文讲的就是秦庄公这次伐戎之役，据《史记·十二诸侯年表》记载，秦庄公名其，先秦行文"不"字常用作无义助词，仅表语气，故"不其"即其，也就是秦庄公。

铭文显示，这次伐戎行动的总统帅为"白氏"，他上对宣王负责，下可指挥不其。有学者主张这个统帅白氏可能是秦庄公的兄长。也有观点认为铭文中的"白氏"不是秦庄公的兄长，他是受周宣王之命带领七千人马去秦地作战的周军统帅。七千人马是前往助秦攻戎，而不是说把这七千天子精锐送给秦国。

秦庄公戎因得到宣王的鼎力支持，更因为秦人当时昂扬壮烈的斗志而最终成功。《史记》记载，秦庄公的世子世父在攻打西戎之时，宁肯不要秦公之位，立志要为秦仲复仇，甚至誓言"我非杀戎王则不敢入邑"，表明了秦与西戎势不两立的态度。

经过秦对西戎的多次征伐，位于猃狁西南的西戎退避三舍，走向了衰落。宣王命秦庄公"为西垂大夫"，使得大周王朝的西部边界得保安宁。

第七章 封邦建国

外建诸侯是西周王朝进行利益分配的一种手段，也是监视和镇压被征服的各族人民、消解反抗的有效方式。自周公、成王时期西周分封了大批的功臣、亲属乃至先王之后，随之建立起了齐（姜子牙）、鲁（周公）、燕（召公）、晋（唐叔虞）、宋（微子）、卫等诸侯邦国，形成了夹辅周室的局面。

宣王承继先王的这一基本政策并继续发扬光大。其一是封亲，将庶弟"友（郑桓公）初封于郑"，也就是把自己的亲弟姬友封于郑地，抚万民、定礼乐，占据地理上的制高点，从而推行王化。而后郑桓公更担任了周王朝的司徒，使得周民欢呼雀跃。

其二是封韩建申。韩侯讨伐追、貊等戎族有功，因此宣王封韩侯"奄受北国，因以其伯"，韩国从而成为统领北方诸国的一方诸侯，是周王朝经略北方的主要代言人。在此之后，宣王为褒赏申伯，巩固周王室在南方的胜利，命召伯彻申伯土田，于谢作城，继而徙封申伯到谢邑，历史上称为南申，因为申伯在淮徐之地经营有方，故而利用他威慑淮徐诸部，巩固周王朝在南土的巨大影响。

第一节　申国崛起

西周中晚期，因为周王室卑弱，王权不振，南方强大起来的蛮荆、申、吕、陈、蔡等诸侯国相继发生叛乱。宣王即位，励精图治。为巩固周王室在南土的统治，巩固周朝在南方平定荆楚、压服南淮夷的军事大胜利，宣王褒赏当时在诸侯国颇有威望的王室贵戚申伯出封谢地，担任南方的方伯，更致力于扩大周朝的封地。宣王又派遣心腹尹吉甫在谢邑（河南唐河县）帮助申伯筑建城池，更迁移和巩固国都，从而促成了申国的崛起。

《诗经·大雅·崧高》就是宣王心腹重臣尹吉甫为申

伯所写的送别诗，可谓申国崛起的历史见证。清人李黼平说："自共和时，荆楚渐张，故召穆公有追荆至洛之役。宣王时，势当又炽，南方诸侯必有畔而从之者，故加申伯为侯伯，以为连属之监，一时控制之宜，抚绥之略，皆于此诗见焉。"

《崧高》曰：

崧高维岳，骏极于天。维岳降神，生甫及申。维申及甫，维周之翰。四国于蕃。四方于宣。

亹亹申伯，王缵之事。于邑于谢，南国是式。王命召伯，定申伯之宅。登是南邦，世执其功。

王命申伯，式是南邦。因是谢人，以作尔庸。王命召伯，彻申伯土田。王命傅御，迁其私人。

申伯之功，召伯是营。有俶其城，寝庙既成。既成藐藐，王锡申伯。四牡蹻蹻，钩膺濯濯。

王遣申伯，路车乘马。我图尔居，莫如南土。锡尔介圭，以作尔宝。往近王舅，南土是保。

申伯信迈，王饯于郿。申伯还南，谢于诚归。王命召伯，彻申伯土疆。以峙其粻，式遄其行。

215

申伯番番，既入于谢。徒御啴啴。周邦咸喜，戎有良翰。不显申伯，王之元舅，文武是宪。

申伯之德，柔惠且直。揉此万邦，闻于四国。吉甫作诵，其诗孔硕。其风肆好，以赠申伯。

全诗总计八段，每段八句。

诗歌的第一段提纲挈领，画龙点睛，以气势如虹的修辞描述天将降大任于申伯，申伯是国之干城，是国家的栋梁。"崧高维岳，骏极于天"气势磅礴，纵横千里，简直是把大臣申伯打造为"资兼文武，望重屏藩，论德则柔惠堪嘉，论功则蕃宣足式"的盖世英雄，可谓视野宏阔、气宇非凡。

诗歌第二段则是该诗的主题内容，阐述申伯为国服务，在南国勤于王事，周宣王特此派遣召伯虎传天子命令，到谢地表彰申伯，并且主持申伯的宫殿建设大典，勉励他世世代代忠于王事。诗歌的第三段主要描述了周天子对申伯的赐命、恩遇，对他许诺种种特权。诗歌的第四段则写召伯虎和申伯齐心协力，建设成雄伟高大的谢邑和申伯的寝庙，周天子赐予申伯爵位勋权。诗歌第五段应该是召伯虎传达的周宣王对这位南国重臣的政治期许，希望申伯在谢好好经营，从而稳定南疆，保卫国家的安全，为国家尽忠效命。第六段则以款款的深情描述周宣王为笼络申伯，曾经特地在郿地为远行的申伯饯行，并对申伯殷殷嘱托。诗歌第七段详细描写申伯到达谢邑，南国从此安定的情形，赞美申伯的文治武功。第八段则是讲申伯荣归封地谢邑，刚柔并济治国理政，赢得了民心，不负周天子的重望，震慑了离心离德的诸侯，让天下都赞美周天子的英明。最后点出这首诗歌是尹吉甫为申伯所写，并赠送申伯的兄弟情谊。

　　这首诗歌的创作明显是以周天子的战略贯彻为脉络，围绕申伯受封谢邑展开，极力表现周宣王对素有声望的申伯无比信任，因此严粲《诗缉》解读申伯名字在诗歌中一再重复时说："此诗多申复之词，……此诗每事申言之，写丁宁郑重之意，自是一体，难以一一穿凿分别。"可谓其情款款，其意深深。

　　《诗经·小雅·黍苗》则是赞美召穆公（即召伯）营治谢邑之功的作品，与《崧高》可以互相参看，足见申伯封谢确实是宣王中兴时期的政治大事。

芃芃黍苗，阴雨膏之。悠悠南行，召伯劳之。
我任我辇，我车我牛。我行既集，盖云归哉。
我徒我御，我师我旅。我行既集，盖云归处。
肃肃谢功，召伯营之。烈烈征师，召伯成之。
原隰既平，泉流既清。召伯有成，王心则宁。

这首诗形象地描述了宣王让召伯虎指挥百姓协助申伯就封谢邑，并主持经营谢邑的建设工程。大概是在营建谢邑即将大功告成的时刻，大家有感而发作此诗。这首诗歌共五段，每段四句。

诗歌第一段朗朗上口。田间的粮食作物得到好雨滋润，长势喜人，南行到谢邑就封的民众浩浩荡荡，一派喜气洋洋的景象，这都是因为召伯虎领导得好。

召伯虎是宣王时的元老重臣，深为天子依赖，建设谢邑这样的军事要塞、政治重地，舍我其谁？大家都高高兴兴的，仿佛回家一样，乘车赶牛，晓行夜宿。正因为民心大顺，万众咸集，申伯谢邑的营建才会一日千里。

诗歌的第二、三两段通过排比描写了建设工程的繁重与辛劳，大家把建设工地当作新家，共同为之奋斗。

第四段是极度赞美召伯的建设功劳。申伯高大巍峨的谢邑能够迅速完工，可以说是因为召伯虎指挥得当、兢兢业业。

这首诗歌的末尾段落点出主旨，告诉我们谢邑建设任务完成，是对周天子安定国家的重大贡献，意义非凡。"原隰既平，泉流既清"描述了召伯虎建设谢邑的重要成就，整饬土地，清理淤塞，为民谋福。最后，令人欣喜的是申伯的谢邑作为周王朝控制南方诸国的重镇胜利竣工，夙夜忧叹的周天子终于可以松口气了。

"召伯有成，王心则宁"，诗歌的主题以这八个字倾泻而出，堪称至简而大牛。

周宣王把申及甫（即吕，今河南南阳市西）建设成威震南国的军政屏障，起到了保卫南土、挟制天下的重大作用。

第二节 筑城强齐

齐国是周代重要异姓功臣的封国，疆域为今山东，都城临淄。自太公望吕尚（姜子牙）封国建邦以来，即从实际出发，因地制宜搞建设，务实不务虚，起用人才，大力发展海上贸易。司马迁在《史记》中说："太公至国修政，因其俗，简其礼，通商工之业，便鱼盐之利，而人民多归齐，齐为大国。"又说："太公望封于营丘，地潟卤，人民寡，于是太公劝其女工，极技巧，通鱼盐。"齐国建国之初荆棘丛生、人口稀少，太公在未开垦的荒地和盐碱地区发展鱼盐业、纺织手工业。由于基本政策的务实开放，"人民多归齐"。齐国人口增长快，经济发展迅速，很快富庶起来。因姜子牙功勋卓著，加之经济崛起，齐国在西周时期的诸侯中地位高隆，周成王曾在三监之乱后使召康公宣命姜太公说："东至海，西至河，南至穆陵，北至无棣，五侯九伯，实得征之。"齐国由此得到天子许诺，拥有征伐诸侯的特权，一时风头无两，国势更是蒸蒸日上。公元前

868年，齐哀公因纪侯在周夷王面前进谗言而被夷王烹杀。宣王在位时期，齐国先后经历了厉公、文公、成公及庄公执政初期四大阶段。齐厉公昏聩暴虐，文公、成公谨小慎微，守成有余、开拓不足，因此齐国的边境频频出现民族危机。

为缓和与齐国因哀公被烹杀产生的矛盾，巩固东方的齐国边防，宣王特别任命心腹仲山父率军在齐国边地筑城。这次军屯事件记载在《诗经·大雅·烝民》中：

天生烝民，有物有则。民之秉彝，好是懿德。天监有周，昭假于下。保兹天子，生仲山甫。

仲山甫之德，柔嘉维则。令仪令色，小心翼翼。古训是式，威仪是力。天子是若，明命使赋。

王命仲山甫，式是百辟，缵戎祖考，王躬是保。出纳王命，王之喉舌。赋政于外，四方爰发。

肃肃王命，仲山甫将之。邦国若否，仲山甫明之。既明且哲，以保其身。夙夜匪解，以事一人。

人亦有言，柔则茹之，刚则吐之。维仲山甫，柔亦不茹，刚亦不吐。不侮矜寡，不畏强御。

人亦有言，德輶如毛，民鲜克举之。我仪图之，维仲山甫举之。爱莫助之。衮职有阙，维仲山甫补之。

仲山甫出祖。四牡业业。征夫捷捷，每怀靡及。四牡彭彭，八鸾锵锵。王命仲山甫，城彼东方。

四牡骙骙，八鸾喈喈。仲山甫徂齐，式遄其归。吉甫作诵，穆如清风。仲山甫永怀，以慰其心。

这首《烝民》全诗总计八段，每段八句，高度赞美了仲山父（一作"仲山甫"，见上文）在齐国筑城的不朽功勋。

从诗文内容分析，这首诗歌是大将尹吉甫所作。可能是天子派遣仲山父戍边，大军临行之际，劝君更尽一杯酒的尹吉甫于灞桥与仲山父话别。诗歌赞扬了仲山父的嘉言懿行和为政功勋，也见证了宣王朝股肱之臣齐心携手、和睦友爱的深情。

诗歌第一段颂扬仲山父为朝廷股肱，须臾不可或缺，乃是上天赐予周天子的重要助手，非此人不能定社稷、安天下，可谓开门见山，充分展现了仲山父的关键地位。

诗歌第二段主要赞美大臣仲山父的高尚品行和仪表堂堂，以及对天子的毕恭毕敬和忠心耿耿。他法先王、尊旧典,深为宣王倚重。

第三段则介绍了仲山父的朝堂具体职责。仲山父为百官的典范,在世官世禄体制下,他继承祖先的工作,担任太宰,是天子的代言人,负责国家的一切大政方针,位高而权重。

第四段则具体描述了仲山父的为官之道。周宣王的每一道政令,仲山父都一丝不苟地贯彻执行;国家遇到危险困难的时候,仲山父则匡正补救,不顾身家性命;为朝廷和国家建设可谓是废寝忘食,诚惶诚恐,兢兢业业,日理万机。

第五段描写了仲山父的性格。他刚柔并济,为人中庸平和,不盛气凌人,也不妄自菲薄,而是恰到好处。

第六段写仲山父的政治实践。周宣王若有什么疏漏过错,仲山父敢于上书言事、勇于劝谏。

在全面肯定仲山父完美人格的基础上,诗歌最后才切入主旨,讲述仲山父在齐国修筑方城、军屯边塞、为国分忧的事迹,当时的顺风顺水、万事大吉都是因为仲山父修筑方城的虔心勤勉所致吧。

其中第七段主要描绘了当时赴齐戍边的空前盛况,"挥手自兹去,萧萧班马鸣",大家斗志昂扬,一往无前。

这首诗高屋建瓴,我们从中可以感受到尹吉甫、仲山父这些宣王中兴的左膀右臂对所从事的中兴事业艰难的认识与殷殷的热情,以及对力挽狂澜的辅弼大臣的崇敬与召唤。

第三节　委任韩侯

宣王册封申侯是为了固守南疆,而《诗经·大雅·韩奕》则记载了周宣王与北方的韩侯结两姓之好、行重封大礼、委方伯重任的重要史实,这对我们研究和理解宣王中兴与北土开拓的历史有重大意义。

韩国本是周王近宗贵族,始封国君是周武王的儿子、成王的弟弟。按照周制,封建诸侯爵位有等,其国城、土地、兵力因之有等级差别。周宣王为加强北疆防务,增强韩国作为国家屏障的军政作用,不仅特别提高其爵位,以便重修韩城，而且大规模完善韩国的常备军建制，试图发挥其更大的政治和军事作用。宣王利用韩侯入朝的时机，大施恩宠，册命韩侯，以图实现其北疆永固的战略雄心。

《韩奕》曰：

奕奕梁山，维禹甸之，有倬其道。韩侯受命，王亲命之：缵戎祖考，无废朕命。夙夜匪解，虔共尔位，朕命不易。榦不庭方，以佐戎辟。

四牡奕奕，孔脩且张。韩侯入觐，以其介圭，入觐于王。王锡韩侯，淑旂绥章，簟茀错衡，玄衮赤舄，钩膺镂锡，鞹鞃浅幭，鞗革金厄。

韩侯出祖，出宿于屠。显父饯之，清酒百壶。其肴维何？炰鳖鲜鱼。其蔌维何？维笋及蒲。其赠维何？乘马路车。笾豆有且。侯氏燕胥。

韩侯取妻，汾王之甥，蹶父之子。韩侯迎止，于蹶之里。百两彭彭，八鸾锵锵，不显其光。诸娣从之，祁祁如云。韩侯顾之，烂其盈门。

蹶父孔武，靡国不到。为韩姞相攸，莫如韩乐。孔乐韩土，川泽訏訏，鲂鱮甫甫，麀鹿噳噳，有熊有罴，有猫有虎。庆既令居，韩姞燕誉。

溥彼韩城，燕师所完。以先祖受命，因时百蛮。王锡韩侯，其追其貊。奄受北国，因以其伯。实墉实壑，实亩实藉。献其貔皮，赤豹黄罴。

这是描述周宣王时期，少年韩侯入朝受封、觐见、迎亲、归国和归国后的政治活动的政治性诗歌。

韩侯受封入觐是周宣王策划的重要政治活动，诗歌所记述的即为这件盛事。朱熹《诗集传》说："韩侯初立来朝，始受王命而归，诗人作此以送之。"这是非常准确的判断。

这首诗歌总计六段，每段十二句。

诗歌第一段视野跌宕，先从《禹贡》中"禹别九州"谈起，讲述中华道统的绵延不绝，从而引出天子册命新韩侯的隆重典礼。

宣王亲自册命韩侯，让他继承祖先的精神，忠于王室，勤于王事，牢记责任，那就是屏障、安定北方。

第二段主要讲述册命典礼的隆盛及委质为臣的整个流

程,年轻的新韩侯一跃而成为蒙受宣王优宠、倚重的新贵。

第三段则是描写册命礼结束之后、新韩侯归国之前,十里长亭,周天子派遣朝廷大臣显父为之饯行,互相勉励,依依惜别。通过大量的细节描写了这场送别宴席的丰盛华美,继续展示周宣王对韩侯的政治恩宠。

第四段描写韩侯的婚姻及结婚的盛况。首先展示新媳妇出身高贵,这场政治联姻的富贵与繁华、喜庆与奢侈,既为后人还原了西周宣王时期贵族婚礼的铺张奢靡,也展示了韩侯在宣王时期政治地位的贵不可言。

最后两段全面展示韩国的重要地位,这里是天子北方的根据地,肩负抵抗蛮族的使命;这里地大物博,物产丰富,位置关键,是宣王心中的战略重地。

总览全诗,其中心无疑是颂扬韩侯的丰功伟绩,赞叹韩侯肩负西周屏障、安定北方的大任。"溥彼韩城,燕师所完。……王锡韩侯,其追其貊。"韩国的都城是在燕国大军的协助之下建设完工的,都城修筑得坚固高大,又有宣王赐予韩侯的管辖追、貊等北方蛮族的权力,韩国自然是周王朝在北方的要塞屏障了。

关于韩城的地望，学界争议很大，有人认为在今陕西韩城市和山西河津市东北一带，有人认为在今河北通县之西、固安县东北地区，更有人认为在今韩国境内。仔细分析，当以河北之说较为恰当。

经过周天子十余年的苦心经营，周王室几乎在东、南、西、北方都筑起了要塞和城堡，设立强有力的藩屏，其边疆建设不能不说是相当周密和完美的。

第四节　桓公建郑

公元前806年，宣王册封自己的异母弟王子姬友为公伯，并建立郑国。

郑桓公姬友的身份，史籍记载多有分歧。《史记·郑世家》记载："郑桓公友者，周厉王少子而宣王庶弟也。"其他有认为是周厉王之子、周宣王同母弟的；更有是周宣王之子的说法。

姬友的早年事迹史书未见记载，但1980年11月在陕西省西安市长安县出土一件上有铭文的铜鼎，经专家考证，铭文记载了郑桓公早年事迹：他曾率兵迎击进犯周朝边境的北方部族猃狁，并取得胜利，时间大约在周宣王十六年（前812年）至周宣王二十二年（前806年）之间，也就是郑国建国之前后。

大概由于这个弟弟聪慧能干，为政治布局考虑，周宣王二十二年，姬友被宣王初封于郑，担任郑公，"胙之土而命之氏"。桓公最初居住在棫林（在今陕西华县西北一带），后来迁居拾地，史书说他封国十余年，深得百姓爱戴。

郑桓公在宣王死后曾一度担任周王朝司徒，掌管全国土地和户籍。郑桓公在司徒任上，对周民加以安抚，进一步赢得周民的欢心。桓公是一个未雨绸缪、深谋远虑的政治家。

宣王死后，周幽王宠幸妃子褒姒，整天沉湎酒色，不理朝政，并重用奸臣虢石父，加重对百姓的剥削，因此百姓怨愤，诸侯们亦有叛离之心。郑桓公见周幽王刚愎自用，预料国家终将再起祸患，于是私下询问掌管王室典籍的太史伯说：王室有变故，我到哪里才可以逃出生天呢？太史伯回答说：只有洛河以东，黄河、济水以南可以安身立命。郑桓公问：为什么？太史伯说：那地方邻近东虢国（今河南荥阳东北）和郐国（今河南新密东南），虢、郐二国的国君贪婪好利，百姓水深火热。现在您身为司徒，威望尊隆，您如若请求天子让您就封于那里，虢、郐的国君为行方便，就会轻易分给您土地。您果真居住在那里，虢、郐的百姓都将是您的子民。郑桓公听从太史伯的意见，便一直暗中筹划从陕西华县向东迁徙的事宜。

周幽王九年（前773年），郑桓公请求迁移他的百姓到洛邑（今河南洛阳）以东。得到周幽王同意后，郑桓公便派长子掘突带上丰厚的礼物向虢、郐二君借地。虢、郐二君因郑桓公是当朝司徒、天子叔父，位高权重，可以借势，于是各自献出五座城池。从此郑桓公便有了在东方立国的基础。不久，郑桓公下令原封地上的居民东迁。根据太史伯的建议，他把家属和重要财产更安置在虢、郐之间的京城（今河南荥阳京襄城），史称"虢郐寄孥"或"桓公寄孥"。

周幽王十一年（前771年），申国国君申侯因周幽王废黜自己的女儿申后、外孙太子姬宜臼而立褒姒母子为王后和太子之事，大为恼怒，于是联合缯国、西夷犬戎攻打周幽王。不久犬戎攻陷镐京，在骊山之下杀死周幽王。郑桓公也于此时遇害，但他却为春秋初年郑国首开诸侯"霸业"奠定了坚实的基础。

第五节　中兴气象

宣王在政治上选贤任能、安定人心、和谐诸侯，经济上不籍千亩、料民太原，军事上北伐猃狁，南征淮夷、荆楚，数十年励精图治，勤勉有为，终于在宣王二十三年前后实现了天下安定、四海升平、诸侯复宗周的中兴盛况。宣王的个人威望如日中天，遂决定仿效成康，在东都成周召集诸侯，举行盛大的胜利集会和游猎活动。

西周天子田猎和战争的方式基本相同，都要修车马，备器械，会同诸侯，因而含有向诸侯显示武力的意思，同

时也有军事演习、威慑诸侯的目的。功成名就的周宣王曾在西都大举田猎,显天子盛威,这件事见于《诗经·吉日》:

吉日维戊,既伯既祷。田车既好,四牡孔阜。升彼大阜,从其群丑。

吉日庚午,既差我马。兽之所同,麀鹿麌麌。漆沮之从,天子之所。

瞻彼中原,其祁孔有。儦儦俟俟,或群或友。悉率左右,以燕天子。

既张我弓,既挟我矢。发彼小豝,殪此大兕。以御宾客,且以酌醴。

与致力于修好诸侯所创作的《车攻》诗篇相比,这首诗歌的政治色彩清新自然,可谓"随风潜入夜,润物细无声",诗歌的总体格调颇为轻松惬意。

这首诗歌总计四段,每段六句,用艺术化的形式复原了周宣王在中兴盛世之时,选择黄道吉日隆重祭祀、在郊外与群臣田猎、日落西山满载而归,并大宴群臣的完美过程,让我们感受到了盛世之象。

诗歌第一段描写了周天子田猎前的准备过程。天子田猎是西周社会神圣的大事,仪式严肃隆重。事先要斋戒沐浴,挑选良驹宝骏,检查车辆器械精良无损,卜算黄道吉日,一切工作都在有条不紊地推进。

诗歌第二段写在选定的黄道吉日,也就是庚午日这一天,天子亲率大臣公卿浩浩荡荡开拔到田猎之所。那里珍禽云集,百兽逡巡,在漆、沮二水之畔,侍从军设围驱赶麋鹿进入天子的射猎区域。

诗歌的第三段描述大群的心腹随从保卫天子。一时间,人欢马嘶,山高云淡,天子弓箭在手,何时麋鹿可收?

第四段则是描写周宣王田猎百发百中,快乐返朝后大宴宾客,不醉不归的盛况。亲信侍从们把麋鹿驱赶到宣王的附近,周天子反应迅捷,拈弓搭箭,大显身手,一箭命中一头野猪,再一箭射中野牛一头。周宣王英姿勃发、勇武神威的有为君主形象跃然纸上。

田猎归来,宣王大宴群臣,歌酒助兴,大家忘机而归。神奇的是,这首诗歌描写宣王田猎的句子只有十六个字:"既张我弓,既挟我矢。发彼小豝,殪此大兕。"这

233

种生动简洁的手法更有力地彰显了中兴之君周宣王的蓬勃奋发，展示了有为天子的威严，也体现了中兴鼎盛的时代精神。

周宣王治下四海无波，国势蒸蒸日上，作为太平天子，他自然洋洋得意。为了向诸侯显示天威，宣王可能在诸侯大会之前，进行了规模浩大的宫室营建活动。西汉萧何曾说："夫天子以四海为家，非壮丽无以重威，且无令后世有以加（超越）也。"宣王在四海归一、歌舞升平之际自然开始考虑大建宫室了。

清人陈奂说："厉王奔彘，周室大坏；宣王即位，复承文武之业，故云考室焉。"《郑笺》说："考，成也。……宣王于是筑宫室群寝，既成而衅之，歌《斯干》之诗以落之，此之谓之成室。"

《诗经·小雅·斯干》描述的就是宣王营建宫室的盛况：

秩秩斯干，幽幽南山。如竹苞矣，如松茂矣。兄及弟矣，式相好矣，无相犹矣。

似续妣祖，筑室百堵，西南其户。爰居爰处，爰笑爰语。

约之阁阁,椓之橐橐。风雨攸除,鸟鼠攸去,君子攸芋。

如跂斯翼,如矢斯棘,如鸟斯革,如翚斯飞,君子攸跻。

殖殖其庭,有觉其楹。哙哙其正,哕哕其冥,君子攸宁。

下莞上簟,乃安斯寝。乃寝乃兴,乃占我梦。吉梦维何?维熊维罴,维虺维蛇。

大人占之:维熊维罴,男子之祥;维虺维蛇,女子之祥。

乃生男子,载寝之床。载衣之裳,载弄之璋。其泣喤喤,朱芾斯皇,室家君王。

乃生女子,载寝之地。载衣之裼,载弄之瓦。无非无仪,唯酒食是议,无父母诒罹。

这首诗歌是祝贺周宣王天子宫室落成典礼的。前半部分生动记述了宣王宫殿四周环境美妙,后半部分主要是祈福,希望周宣王居住新宫能够带来美好前景:人丁兴旺,万事大吉,永为天子,功业辉煌。

诗歌的第一段描绘宫室所处的终南山下沣水河畔,阵阵清风吹动心弦,宫殿风景天下无双,西周贵族之间和睦友爱。第一句"秩秩斯干,幽幽南山"更成为经典名句,多被后人引用。"如竹苞矣,如松茂矣"既赞美了宫殿的幽静典雅，又比喻了周宣王本人的高尚品行。

诗歌第二段点明宣王建筑宫室的目的是继承文武周公的不朽勋业，求取子孙后代、百姓万民的安居乐业。

诗歌的第三段描述宫殿修建时艰辛盛大的劳作场景，新成的大殿华美壮丽，无以匹敌。

诗歌的第四段连续使用四组比喻，夸赞大殿的器宇不凡和宣王囊括海内的雄心壮志。

第五段则通过具体的细节描绘展示大殿本身的情形。深深的庭院规划平整，前厦下的楹柱耸直光洁，大殿明亮而宽敞。如此的精心布置、精妙设计，宣王居住其中自然是十分舒适安宁。

此诗的后四段可谓是对周宣王的高度赞美和真诚祝愿。第六段讲述宣王入居大殿后会好梦好事不断。第七段是宣王美梦的吉兆，希冀周宣王会有贵男贤女降生。第八段描述喜得贵男的情状。第九段则是说好女降生的情况，"弄璋""弄瓦"讲的还是家国人伦，可谓层次分明，井然有序。

从此，在新建的富丽堂皇的宫殿中，宣王与中兴大臣、四方来朝的使臣一醉方休。天子的威严英武让使臣们倾慕不已，纷纷上前奉酒赞叹。

《诗经·小雅·蓼萧》描述朝臣们歌功颂德最是恰当：

蓼彼萧斯，零露湑兮。既见君子，我心写兮。燕笑语兮，是以有誉处兮。

蓼彼萧斯，零露瀼瀼。既见君子，为龙为光。其德不爽，寿考不忘。

蓼彼萧斯，零露泥泥。既见君子，孔燕岂弟。宜兄宜弟，令德寿岂。

蓼彼萧斯，零露浓浓。既见君子，鞗革忡忡。和鸾雍雍，万福攸同。

作为西周宣王时期典型的祝颂诗，全诗表达了对周宣王"威加宇内、泽及四海"的尊崇。

全诗分为四段，每段六句，四段都以"蓼、萧、零露"开头。

萧艾是可供祭祀的香草，因此萧艾用以指代大臣诸侯。零露则是用来比喻天子的恩泽。因此这首诗歌用含蓄委婉的笔法巧妙地道出了周宣王恩及四海，诸侯有幸承宠的君臣相得之心。

诗歌首段描写归附周王室的大臣诸侯们初次觐见周宣王的情景。今天有幸见到了神武的宣王，这是天子的恩宠，大臣们都心潮澎湃。"既见君子，我心写兮。"诸侯于诚惶诚恐之中，激动得无以言表。和宣王在一起宴饮谈笑，诸侯们如沐春风，争相倾吐心中的敬祝之情，完全沉浸在圣洁的朝圣之乐中。

诗歌末尾以"和鸾雍雍，万福攸同"作结，描绘出宣王盛会中其乐融融的祝福场面：四方车马齐聚，鸾铃叮当悦耳，臣民齐祝宣王万福万寿无疆！

《诗经·小雅·湛露》大概也是这一次盛会中，抒发诸侯之间和睦相处、其乐融融的诗歌：

湛湛露斯，匪阳不晞。厌厌夜饮，不醉无归。

湛湛露斯，在彼丰草。厌厌夜饮，在宗载考。

湛湛露斯，在彼杞棘。显允君子，莫不令德。

其桐其椅，其实离离。岂弟君子，莫不令仪。

夜露甚浓，明月当空，一时间座上客常满，杯中酒不空，讴歌中兴，祈祷太平，直到宾主尽欢而散。

国之大事，在祀与戎。伴随着政治、经济、军事、外交、文化的胜利与繁荣，宣王也开始告命于天，隆重祭祀先王的丰功伟绩了。《楚茨》《信南山》都描述了周宣王在功成名就之后祭祀祖先的肃穆隆重的典礼。

在一片钟鼓齐鸣之中，宣王中兴之下，仿佛西周初年成康之治的盛世又一次回到了人们的身边！宣王处处给人以正正堂堂、庄严盛大之感，充分显示着周王朝在这一时期重奠国基、再造皇图、由衰转兴的趋势，宣王与他的一帮忠臣良将共同书写了西周时代浓墨重彩的伟大华章。

第八章 废长立幼

当宣王中兴达于隆盛巅峰，各方面捷报频传的时候，宣王本人的骄奢淫逸之心开始萌动，周王室潜伏的内在矛盾也已经开始显露了，周廷与诸侯之间的友好同盟因为鲁国的政变问题而出现了严重的裂痕。

宣王中晚期，各阶层的对立冲突虽无厉王时期"国人暴动"那般激烈，但也暗流涌动，否则宣王之弟姬友封于郑后就不会有"予安逃死乎"的忧患了。

宣王中兴时期，诸侯国统治阶层内部的冲突也此起彼伏，这主要体现在对最高权力的争夺上。宣王二年，曹幽伯弟苏（鲜）杀曹幽伯代立；十二年，胡公子入齐，齐人攻杀昏聩暴虐的齐厉公，后厉公子赤继位，也就是齐文公，诛杀害死齐厉公者七十人；卫武公在其父亲卫釐侯的葬礼上攻袭自己的哥哥——已经担任新君的卫共伯于墓地，逼得卫共伯在墓道自杀；晋穆侯弟殇叔自立，太子仇出奔。一顶顶公侯之冠纷纷落地，让人瞠目结舌。

宣王时期诸侯国内频繁的政治冲突是周夷王以后"王道衰微"持续发展的恶性结果。宣王之前，夷王"下堂而见诸侯"，周厉王失位奔彘，诸侯共伯和等干位问政，都让周天子威严扫地，充分表明了当时西周诸侯国自身实力的增强。此与王权的强化相冲突，其中对宣王中兴政局影响最大的是鲁国政变。

第一节 鲁国之变

宣王十二年（前816年），鲁武公带着长子姬括与少子姬戏来朝觐见天子，宣王一眼看上了姬戏，因而决心违背立长立嫡的继承制度，强立姬戏为鲁国太子。大臣樊仲山父劝阻任性的周宣王说："废长子而立少子，不合于礼；不合于礼，必然触犯王命；触犯王命，天道必然要诛灭他；所以发布命令不能不合于礼。命令不能实行，政治就没有权威；实行命令而不合于礼，人民将背弃君上。以下事上，以少事长，是合于礼的做法。现在天子为诸侯立嗣，立其少子，这是教人民犯上。如果鲁国国君民众听从您的命令，诸侯效仿您的做法，那么先王之命将壅塞难行了；如果鲁国不听从您的命令，您因此诛伐鲁国，那么您这就是自己诛伐先王之命了。这件事，您诛伐也是错误，不诛伐也是错误，您还是慎重考虑吧！"可惜忠言逆耳，宣王固执不听，因此埋下了鲁国内乱的祸根。

鲁武公回国不久去世，少子戏因得到宣王暗地支持而顺利继立，是为鲁懿公。在鲁国君位的继承问题上，懿公与其兄长姬括之间展开过激烈的斗争。懿公九年（前807年），鲁懿公长兄姬括之子姬伯御纠集亲信与鲁人一同攻杀懿公而夺取君位。鲁国的内乱是由周宣王废长立少而引起的，但宣王不但不引咎自责，反而坚持错误，一意孤行。

宣王三十二年（前796年），也就是伯御在位十一年后，周宣王出兵伐鲁，杀死伯御。

可能接受了此前的教训，宣王计划立鲁国公子中的贤能者做鲁国的新国君。大臣樊穆仲（仲山父）向周宣王建议说:"鲁懿公的弟弟称,庄重恭敬地供奉神灵,敬重老人;处事执法,必先咨询先王遗训及前朝故事;不违背先王遗训,不废弃前朝故事。"周宣王这次听从了樊穆仲的建议,最终立鲁懿公的弟弟姬称为鲁国国君,也就是鲁孝公。

宣王长途跋涉,劳师动众,攻杀自己的同姓诸侯,使他的政治威望大损。诸侯从这件事上意识到宣王言而无信,因此诚惶诚恐,与王室日益离心离德,对宣王的命令逐渐阳奉阴违,此前诸侯与周天子和谐融洽的局面一去不复返了。

其实,鲁国的继承制度在西周时期是与周王室不同的。

《史记·鲁周公世家》说:"庄公有三弟,长曰庆父,次曰叔牙,次曰季友。……庄公无嫡嗣,爱孟女,欲立其子斑。庄公病,而问嗣于弟叔牙。叔牙曰:'一继一及,鲁之常也。庆父在,可为嗣,君何忧?'"比照《三代世表》《十二诸侯年表》,西周时期鲁国虽发生魏公弑兄自立、鲁懿公因宣王偏爱而强行废长立幼,以及其后发生的伯御之乱,但诚如叔牙所说,三百余年西周历史中是以"父死子继，兄终弟及"相结合的王位传承方式为基本的继承法的。

从成王起，西周王室正式确立了嫡长子传承制，这一理论建设主要是通过周公与成王之间的斗争与妥协架构的，以周公的制礼作乐而宣告完成，而周公的个人作为成为鲁国"一继一及"特例的必然条件。武王崩时，成王年少，而周公摄政七年，其事见于《尚书》《史记·鲁周公世家》。学界都承认周公摄政称王，但却经常回避周公称王与成王之间的斗争与冲突正是基于"兄终弟及"与"父死子继"二种古已有之的传承制度之间的矛盾这一根本原因。

武王临终时考虑传位周公，有人认为是基于成王年少，周天下初定，矛盾斗争仍很尖锐所采取的非常之举。其实，武王的考虑更多是基于"兄终弟及"的理论依据。"周公旦为子孝，笃仁，异于群子"，"及武王即位，且常辅翼武王，用事居多"，面临天下未宁的局面，周公践阼合乎时情，也有"殷鉴不远"的政治理论依据。我们尚不能说周公称王一定是违例的"非常之举"，父子相承与兄弟相及在周初的观念中还不好判定谁更具优势。管蔡之乱并不在于周公"破坏父子相继"的传承途径,而在于周公超越管叔践位,违背了"兄弟相及"的合理次序。因此,周公对管蔡的"东征"以平定统一为目的,也体现了在"兄终弟及"体制内兄弟之争的特征。

"周鲁世享天子礼乐",所谓"周礼尽在鲁矣",鲁作为周公子伯禽首封,其对成王的特殊性不言而喻。成王出于对周公臣服的报答,对鲁的传承制度给予了一定的"自治权",采取双方折中的立场"父死子继,兄终弟及"。可以看出,鲁国采取的这一传承方式,是在周公臣服成王的大背景下,斗争双方各退一步的结果,也表现了成王处理政治问题的灵活性。"一继一及"可谓是恩威并用的政治策略。

《汉书·地理志》说:"周公始封,太公问:'何以治鲁?'周公曰:'尊尊而亲亲。'"可见鲁国从建国伊始就很注重家族的亲亲问题,其宗法伦理观念比较浓厚和特别:鲁国宗法在注重父子关系的同时,又兼顾母子和兄弟关系,这种宗法伦理结构是以西周王朝的宗法伦理为楷模,而经过周公等人的总结和整理的。周公清楚团结族人的重要性，更领悟到旧的宗族中兄弟相亲和父子之爱的通与不通，因此在政治上较容易接受和完善这种过渡和妥协产生的制度安排。

鲁之分封，按照《左传·定公四年》描述的情形是："殷民六族，使帅其宗氏，辑其分族，将其类丑，以法则周公。"由于分封时鲁吸附着大量的殷商遗民，因此鲁地的殷民气候是制定制度不可忽视的心理要素。殷商的遗属宋国虽然在开国后二十次的传承中，传弟只有五次，但是殷商制度的兄终弟及还是有深厚的社会基础的。

宋宣公和鲁隐公大致同时，《左传·隐公二年》记载宋宣公死前把王位传给自己的弟弟宋穆公，宣公曾经信誓旦旦地说："父死子继，兄死弟及，天下通义也。"后来宋穆公投桃报李，甚至说出传子是"弃德不让，岂曰能贤"的话，可见兄终弟及的制度在春秋初年虽然已经不是社会的主流意识，但是至少在西周时代和殷商有密切联系的宋、鲁等国，还是有深刻的心理基础的。

从春秋前来看，鲁侯传承的确是遵循"一继一及"的办法，魏公虽弑幽公而立，但仍合乎常法，仅仅是得位的时候动用了暴力，而鲁懿公之立仍是在父死子继的前提下，仅仅破坏了"嫡子"之制。宣王干预鲁侯继承的做法，从实质上却是破坏了鲁的"自治主权"，由此引起鲁国政局的紊乱。

第二节 宣王集权

宣王干预鲁政，充分体现了宣王中兴背景下王权的强化倾向，却让鲁国的继承制度陷入了困境。

鲁国相继发生的鲁懿公登基、伯御上位、鲁孝公得政，都有重要干预力量的介入，一个是鲁人共立，两个是周宣王的大军压境或倾力支持，但是这些力量都共同遵循了一个"立弟"的原则，可见还是有某种存在的传承规律要遵循。

仔细分析宣王干涉鲁政这件事，虽然学者多批评宣王的任性妄为，但其实周天子也是有自己的考虑的。

宣王欲重振王纲，当务之急必在安内，而安内之首务又必在加强对诸侯国的强力控制，方可实现"内修政事，外攘夷狄，复文武之境土"。而鲁国作为西周重要的诸侯国，地位举足轻重，控制鲁国就意味着稳定了东方，并有利于整个政局。周宣王对鲁国特别关注，因此希望在立太子问题上强势切入，也就不足为奇了。

照此逻辑推论，鲁武公携少子姬戏入朝当非偶然，而是宣王乐见其成或者致力促成的结果。遗憾的是史料并没有记载鲁武公对周天子欲立姬戏作何态度，为后人留下些许狐疑，引人猜想。

在确立太子这一问题上，周宣王更多的是从实际需要出发，而非从鲁国礼制出发。樊仲山父的谏言无非是为了维护西周以来王室的礼制，"夫下事上、少事长，所以为顺也"，而周宣王立太子却遵循了另外的选择标准。

这可以从后来伐鲁立孝公中寻找端倪。"宣王伐鲁"事件不是发生在伯御杀懿公自立的当年，而是在伯御即鲁侯位十一年之后。可见周宣王对伯御做了长达十一年之久的考察，因此宣王伐鲁绝不是仓促行事，而是深思熟虑的。这种深思显然不是从礼制出发，而是从实际政治问题出发。

诛杀伯御后，宣王选择国君首先欲得"能导训诸侯者"，督率各诸侯尊奉王室，听从天子号令，这与周宣王一贯任贤使能、注重自我的权威的政治主张是分不开的。

同是一个樊仲山父，在鲁国国君选择上态度也有所转变，此次不进谏阻止，而是主动推荐，并赞美他"肃恭明神而敬事耆老，赋事行刑必问于遗训而咨于故实，不干所问，不犯所咨"。

这充分说明樊仲山父亦从当时实际而非从西周宗法礼制出发考虑立君问题。宣王认为"能训治其民矣，故立鲁侯孝"。

宣王选择鲁国国君有两个重要标准：一是"能导训诸侯者"，二是"能训治其民矣"，说明致力中兴的宣王对鲁国之地位尤其重视，对其国君的要求十分严格。史料虽未记明伐鲁是什么原因，但很可能是伯御执政十一年来未能达到这两个标准而招致杀身之祸。可以肯定，宣王伐鲁不完全是因为伯御攻杀懿公戏而起怒，倘若如此，伐鲁当不会推迟到十一年之后。

宣王先后两次干涉鲁国立国君皆有其内在因由，就是希望控制鲁国于周王室的直接统治之下，打破周公以来君位一继一及的自决自主。

无论是宣王立戏还是宣王伐鲁，并不完全是宣王主观使然。"立戏"与"伐鲁"虽是相互独立的两个事件，但具有内在之联系，其目的是相同的，都是为了直接控制诸侯，扶持周室，巩固王权，只是两者的表现形式不同而已。"立戏"是在戏与括之间选拔人才，而"伐鲁"却是讨伐不称职的诸侯。

因此，宣王"立戏""伐鲁"之策，有其合理性与必然性。宣王伐鲁是周王室与鲁国的矛盾激化到一定程度之结果，一者伯御具有弑君之罪，二者未经宣王册封自立，三者伯御十一年之表现一直未能取得宣王认可。宣王十分重视诸侯之君的任用，从两度干涉鲁国君位可见一斑。

宣王在干涉诸侯君位的过程中陷入了一种悖论：不干涉不利于西周江山社稷，干涉则违反了祖训礼制。在这两难之中，宣王只能舍轻取重，力挽周室江山于既倒。这是一种勇敢的抉择。周宣王能够审时度势，勇于鼎新革旧，从实际出发驾驭政权、训治黎民，而不是从本本出发、从祖训出发，能够以实际行动对旧有礼制做出修正与突破。

西周天子对诸侯有生杀废立大权，夷王曾烹杀齐哀公。鉴于厉王时期的王道衰微，宣王选择强硬的干预内政方式重建权威。宣王立姬戏为鲁太子时，力排众议，而后鲁人杀姬戏而立伯御，卫武公逼杀卫共伯于其父墓道。在这种形势下，宣王要为自己所造成的后果负责，重新稳定原有秩序，故对伯御进行讨伐，另立新君，以期训导诸侯，将失范之制度拉回原有的轨道。周宣王这些行为是以破坏原有组织制度和社会框架为巨大代价的，却没有达到其预期效果。

干涉鲁政的失败，让诸侯对宣王充满了恐惧，双方从开始的融洽相处渐渐变得同床异梦了。

第九章 千亩之战

千亩之战是宣王三十九年与姜戎的军事冲突。姜氏之戎在千亩之战中击败了宣王的军队,周王廷尽丧南国之师,这是宣王中兴由盛而衰的转折点。

第一节　王师败绩

《国语·周语上》记载这次著名战役的起因时说:

宣王即位,不籍千亩。虢文公谏曰:"不可,夫民之大事在农,上帝之粢盛于是乎出,民之蕃庶于是乎生,事之供给于是乎在,和协辑睦于是乎兴,财用蕃殖于是乎始,敦庞纯固于是乎成……乃能媚于神而和于民矣,则享祀时至而布施优裕也。今天子欲修先王之绪而弃其大功,匮神乏祀而困民之财，将何以求福用民？"王不听。三十九年，战于千亩，王师败绩于姜氏之戎。

《国语》的作者认为，千亩之战的失败是由于宣王不在千亩之地施行籍田礼所导致的。

《史记·周本纪》秉承其说。司马迁认为"宣王不修籍于千亩，虢文公谏曰不可，王弗听。三十九年，战于千亩，王师败绩于姜氏之戎"。新出的《清华大学藏战国竹简》关于千亩之战亦有相似的记载："昔周武王监观商王之不龏上帝，禋祀不寅，乃作帝籍，以登祀上帝天神，名之曰千亩，以克反商邑，敷政天下……宣王是始弃帝籍弗田，立卅又九年，戎乃大败周师于千亩。"

宣王"不籍千亩"与千亩之战的失败应该没有必然的因果联系，但是为何史家都采用这种思维书写千亩之战呢？

其实质是因"千亩"于西周王廷而言具有祭祀上帝鬼神的宗教意义。文献所记"千亩"多与"耤"相关，且"籍"、"藉"与"耤"三字在古文字中通用。"耤"字本义是锄地，周初武王鉴于商王不供奉上帝而灭国的教训，于是作"帝籍"，由此产生了祭祀上帝鬼神的专有土地，名为"千亩"。

在西周社会，籍田内涵丰富，是宣扬神道的神圣场所，其表现形式就是"籍田礼"。"籍田礼"产生的时代较早，但作为有体系的祭祀上帝的礼制，当如清华简《系年》所言，是殷周鼎革之际周人以殷人政治兴亡为史鉴而在宗教礼典上"神道设教"的产物。《国语·周语上》中虢文公详细地描述了西周时期"籍田礼"的诸多环节：

先时九日，太史告稷曰："自今至于初吉，阳气俱蒸，土膏其动。弗震弗渝，脉其满眚，谷乃不殖。"稷以告王曰："史帅阳官以命我司事曰：距今九日，土其俱动，王其祗祓，监农不易。"王乃使司徒咸戒公卿、百吏、庶民，司空除坛于籍，命农大夫咸戒农用。先时五日，瞽告有协风至，王即斋宫，百官御事，各即其斋三日，王乃淳濯飨醴。及期，郁人荐鬯，牺人荐醴，王裸鬯，飨醴乃行，百吏庶民毕从。及籍，后稷监之，膳夫、农正陈籍礼，太史赞王，王敬从之。王耕一墢，班三之，庶民终于千亩。其后稷省功，太史监之，司徒省民，太师监之，毕，宰夫陈飨，膳宰监之。膳夫赞王，王歆大牢，班尝之，庶人终食。

这段原文繁复，其中可见的五个环节是：行礼前的准备、举行飨礼、正式举行籍礼、礼毕后的宴会、广泛的巡查和监督庶人耕作。

西周末年的宣王不籍千亩，废弃推行已久的籍田礼，从经济视角分析，其实是与时俱进的正确做法，但从神学角度而言，却是违背祖制的大罪。

清华简《系年》与《国语》都认为宣王不实行籍田礼才导致了千亩之战的失败，正与周代籍田礼所蕴含的天下兴亡的礼义一致，可见"千亩"帝籍的神道设教作用在西周影响之大。因此，即便籍田或有多处，而"千亩"的所在地应该是王畿附近——周天子行"籍田礼"之处。

关于千亩之战的地点，学界多有不同见解。如杜预注《左传·桓公二年》说"西河介休县南有地，名千亩"，其地望大约在今山西南部略偏西南的万荣、闻喜地区以南。然而杜说不知有什么根据，宗周之"帝籍"何以远离王畿不好解释。唐代杜佑的《通典》又认为千亩之战的千亩位于岳阳县（今山西省安泽县）以北九十公里，也不甚合适。而沈长云先生曾提出要从申国所居的位置来考虑千亩之战发生的地域，颇有启发性。

千亩之战的申戎应属申伯之国，申国姜姓，为"四岳"之后，应该不误。《诗经·大雅·崧高》有"维岳降神，生甫及申"，《毛传》解释说"岳，四岳也"，《国语·周语下》说"祚四岳国，命以侯伯，赐姓曰姜，氏曰有吕。……申、吕虽衰，齐、许犹在"，可见齐、许、申、吕皆为姜姓。《国语·周语中》富辰劝谏周襄王时也说："齐、许、申、吕由大姜。"《逸周书·王会解》记载"西申以凤鸟"进奉成王，并与西方的"丘羌"等国同列。因此我们以为千亩之战的地望在宗周镐京以西地区。

《山海经·西山经》记载有"申山""上申之山""申首之山"，都可能与申戎有关。据此可推断千亩之战的地望应在宗周与申戎之间，近于王畿处的西方，与千亩为王都附近实行籍田礼的"帝籍"相符，可见以宣扬神道的军事观来书写千亩之战，虽然不能准确地诠释出千亩之战失败的决定性因素，但在某种程度上却反映了史学家神道设教的历史观念，突出了千亩（帝籍）的宗教性与军事的神秘性。

于宣王而言，千亩之战固然失败了，但随从周王作战的一些诸侯国在这场战争中的表现却可圈可点，相关文献多以"诸侯有功"述之。晋国便是千亩之战中的逆势明星。

《左传·桓公二年》载：

初，晋穆侯之夫人姜氏，以条之役生太子，命之曰仇。其弟以千亩之战生，命之曰成师。

学界多认为"有功"与"成师"体现了晋穆侯在千亩之战中取得了胜利，如钱穆先生就说"千亩之役，王师失利，而晋军则有功勋"。

不过，《史记·赵世家》相关记载却给予了不同的启发，其文记载："自造父已下六世至奄父，曰公仲。周宣王时伐戎，为御。及千亩战，奄父脱宣王。"

由此看来千亩之战也是周宣王御驾亲征，并且动用了诸侯军队协同作战。晋穆侯很可能与赵国先祖奄父类似，在千亩之战中当王师战败之时，帮助周宣王脱离战场险境，使得王师或晋师主力逃出生天，晋穆侯因此得到了天子嘉奖而命名其少子为"成师"。

周师虽然于千亩之战中失利，但晋国的参战部队尚得以全师而退，因此所谓"成师"寓意晋国武装人员安全返回。

无论以宣扬神道为立场，还是以诸侯有功为视角撰写的千亩之战，都是将宣王的这次军事失败放置在特定视角下的历史叙述。宣扬神道的历史书写是将千亩之战作为结果，来论证不恭上帝"不籍千亩"会导致灾难降临、战争失败、王朝没落；而从诸侯有功的角度进行叙述则是将千亩之战作为原因来说明为何晋国曲沃桓叔被命名为"成师"，从而引出晋国内乱的缘由。

与这两种历史叙述不同的是，编年体史书《今本竹书纪年》以年代为线来编排千亩之战。

如：

二十九年，初不籍千亩。

三十三年，齐成公薨。王师伐太原之戎，不克。

三十八年，王师及晋穆侯伐条戎、奔戎，王师败逋。

三十九年，王师伐姜戎，战于千亩，王师败逋。

四十年，料民于太原，戎人灭姜邑。晋人败北戎于汾隰。

四十一年，王师败于申。

原来作为南方屏障的申国，此时见宣王千亩之战失败,国力衰弱,也趁火打劫。这两次军事失败让周宣王陷入十分尴尬的境地。

由此,千亩之战的时间便有了严重的分歧:一方面《左传》《史记·晋世家》《史记·十二诸侯年表》都记载晋穆侯十年(周宣王二十六年,前802年)爆发了千亩之战;另一方面,《国语·周语》《史记·周本纪》《今本竹书纪年》则记载周宣王三十九年(前789年)爆发了千亩之战。

根据不同的历史文献,千亩之战的时间相差13年之久,以致学界或认为历史上有两次千亩之战。然而除了具有争议的《今本竹书纪年》记载条之战与千亩之战相差一年外,《左传》《史记·晋世家》《史记·十二诸侯年表》都记载这两次战役相差3年,可见条之战与千亩之战相差3年更为可信。由此,千亩之战有两次的看法明显错误。

因为如果承认周宣王二十六年与三十九年发生了两次千亩之战,那么就必须承认文献所载的每次千亩之战的前三年,即宣王二十三年(前805年)与宣王三十六年(前

792年）也发生了两次条之战，而这种假设过于巧合，可见千亩之战只有一次显然更具说服力。至于千亩之战的绝对年代，当以周宣王三十九年（前789年）最为接近。

有人根据《史记·晋世家》记载"昭侯元年，封文侯弟成师于曲沃。……成师封曲沃，号为桓叔。靖侯庶孙栾宾相桓叔。桓叔是时五十八矣"，认为晋昭侯元年当是周平王二十六年，即公元前745年，而这一年成师"五十八矣"，这样向前推58年便是公元前802年，也就是周宣王二十六年，由此断定晋国的千亩之战发生在周宣王二十六年，并认为它与宣王三十九年周宣王之伐千亩是两次不同的战争。然而，两周之际的王位继承颇为复杂，其间还有携王并立等等，未成定论，但至少可以得知周幽王十一年的第二年不一定就是周平王元年，简单地将成师的年龄上推58年来论证晋国千亩之战发生在周宣王二十六年是不对的，还是以周宣王三十九年发生千亩之战相对准确。

当时东南平定，在千亩之战中宣王动用南国之师，结果主力尽丧，这可能是因为自宣王二十三年之后，国家太平无事，升平十余年，导致军队的战斗力下滑，腐败严重，加之指挥失当，从而大败。

第二节　世风日下

宣王后期四海升平，国富民强，社会充满迷乱混沌的风气，有着严重的信仰危机。

《诗经·唐风·蟋蟀》正是对宣王后期民间及时行乐的社会风气的描述，反映了不思进取、纸醉金迷的时风。

蟋蟀在堂，岁聿其莫。今我不乐，日月其除。无已大康，职思其居。好乐无荒，良士瞿瞿。

蟋蟀在堂，岁聿其逝。今我不乐，日月其迈。无已大康，职思其外。好乐无荒，良士蹶蹶。

蟋蟀在堂，役车其休。今我不乐，日月其慆。无已大康，职思其忧。好乐无荒，良士休休。

这首诗歌以"蟋蟀在堂"反复咏叹，可谓借物抒怀，意境幽深。诗歌把视角放在蟋蟀的生活习性上，以其由郊外迁徙到房间之内，天气开始转为寒凉，想到韶华易逝，岁月如流水，奉劝大家不要执着于事业，而应该快乐游玩，骄奢淫逸，充满"有花堪折直须折，莫待无花空折枝"的情怀。

宣王文治武功，尤其是进行了频繁的对外战争，一将功成万骨枯，许多征夫"忧我父母，匪载匪来，忧心孔疚，期逝不至，而多为恤"。留在农村的下层民众"之子于征，劬劳于野"，社会情绪低迷苦痛，更发出"或息偃在床，或不已于行，或不知叫号，或惨惨劬劳"的慨叹。对于被统治的民众而言，对痛苦生活的反抗方式就是逃亡———"逝将去女，适彼乐土"，去寻找他们内心深处的世外桃源。

不仅贵族及时行乐，不思进取，就连英明神武的宣王也志得意满，不再积极进取，而是注重享乐，听信逸言，迫害功臣，逼迫良将，使局势更加恶化。

《诗经·小雅·沔水》可能描述了宣王后期王朝衰弱，诸侯离心离德，国家危机四伏的政治情势：

沔彼流水，朝宗于海。鴥彼飞隼，载飞载止。嗟我兄弟，邦人诸友。莫肯念乱，谁无父母？

沔彼流水，其流汤汤。鴥彼飞隼，载飞载扬。念彼不迹，载起载行。心之忧矣，不可弭忘。

鴥彼飞隼，率彼中陵。民之讹言，宁莫之惩？我友敬矣，谗言其兴。

这首诗歌共分为三段。第一段是对国家祸乱此起彼伏、没有消弭的哀伤之情；第二段则主要是描述为非作歹的狂徒横行乡里，令人坐立不安、忧伤不止；诗歌第三段表达对中央政事混乱腐朽的忧虑，朝廷谎言弥漫，阿谀奉承之风甚嚣尘上。诗歌总体充满忧患意识，劝谏大家在这个特殊时期各自保重，彼此扶持，反映了宣王统治后期社会上不安和忧虑的情绪。

这正是对宣王后期"分明乱世多逸，贤臣遭祸景象"的概括，虽然我们不知道诗歌中希望劝谏宣王什么事情，但其中的忧患味道令人感触颇深，而且看来周宣王是不喜欢听了。

《诗经·小雅·祈父》反映了千亩之战前后部队中蔓延的郁闷情绪：

祈父,予王之爪牙。胡转予于恤,靡所止居?

祈父,予王之爪士。胡转予于恤,靡所厎止?

祈父,亶不聪。胡转予于恤?有母之尸饔。

司马祈父,当即《尚书·酒诰》中的"圻父",是为司马代称,在西周掌军事征伐之事。由诗文可知,这位曾经南征北战、捍卫周室,作为"王之爪牙"的司马,突然人身受迫害,田宅被没收,变得无处可居。

《毛诗序》认为此诗"刺宣王也"是有根据的。《国语·楚语下》记"程伯休父……当宣王时,失其官守,而为司马氏"。《史记·太史公自序》也有类似记述。

由此推断,在伐徐时开始担任大司马、战功赫赫的程伯休父,在宣王后期可能因千亩之战的失败而"失其官守",做了千亩之战失利的替罪羔羊。

由于干涉鲁政,使得诸侯心生恐惧,外部得不到诸侯国的支持,内部则忧患四起,司马程伯休父等名将更被解甲归田,老臣召穆公、方叔也相继去世,一时间,朝中无良将,民间少孝悌,宣王的中兴大业已岌岌可危。

《初学记》记载有中兴名臣尹吉甫的儿子伯奇作曲的

故事，很有启发性。

《履霜操》者，尹吉甫之子伯奇所作也。吉甫，周上卿也，有子伯奇；伯奇母死，吉甫更娶后妻，生子曰伯邦。乃谮伯奇于吉甫曰："伯奇见妾有美色，然有欲心。"吉甫曰："伯奇为人慈仁，岂有此也？"妻曰："试置妾空房中，君登楼而察之。"

后妻知伯奇仁孝，乃取毒蜂缀衣领，伯奇前持之。于是吉甫大怒，放伯奇于野。

伯奇编水荷而衣之，采楟花而食之，清朝履霜，自伤无罪见逐，乃援琴而鼓之曰："履朝霜兮采晨寒，考不明其心兮听谗言。孤恩别离兮摧肺肝，何辜皇天兮遭斯愆。痛殁不同兮恩有偏，谁说顾兮知我冤。"

一曲终了，伯奇就投河而死了。宣王出巡，吉甫从之，伯奇乃作歌，以言感于宣王。宣王闻之，曰："此孝子之辞也。"吉甫乃求伯奇于野而感悟，遂射杀后妻。

为宣王中兴立下汗马功劳的尹吉甫此时也听信谗言了，乃至酿成人伦悲剧。可见千亩之战后王廷出现了严重的信任危机。

《诗经·小雅·白驹》就是对此时周廷风貌的描述：

皎皎白驹，食我场苗。絷之维之，以永今朝。所谓伊人，于焉逍遥？

皎皎白驹，食我场藿。絷之维之，以永今夕。所谓伊人，于焉嘉客？

皎皎白驹，贲然来思。尔公尔侯，逸豫无期？慎尔优游，勉尔遁思。

皎皎白驹，在彼空谷。生刍一束，其人如玉。毋金玉尔音，而有遐心。

这首诗描述当时的朝廷大夫讥刺宣王不能留用贤者于朝廷，致使人心丧失、贤才流失而无可奈何，从而导致社会礼崩乐坏，政治风气恶化。

第十章　杜伯之死

第一节 杜伯之死

《诗经·小雅·我行其野》描述了宣王后期的淫乱之政、好色之事。

这首诗是周代大族女子的离婚之抱怨。

我行其野,蔽芾其樗。昏姻之故,言就尔居。尔不我畜,复我邦家。

我行其野,言采其蓫。昏姻之故,言就尔宿。尔不我畜,言归斯复。

我行其野,言采其葍。不思旧姻,求尔新特。成不以富,亦祇以异。

作为一首著名的弃妇诗,诗歌描写了一个远嫁的女子被丈夫抛弃所产生的愤恨心情。《毛诗序》解读这首诗歌说:"《我行其野》,刺宣王也。男女失道,以求外昏(婚),弃其旧姻而相怨。"郑玄也说:"刺其不正嫁娶之数而有荒政,多淫昏之俗。"可见宣王后期社会关系迷乱,男女性事败坏。

朱熹《诗集传》对这首诗所描述的情形长篇大论曰:"王氏曰,先王躬行仁义,以道民厚矣。犹以为未也。又建官置师,以孝友睦姻任恤六行教民。为其有父母也,故教以孝。为其有兄弟也,故教以友。为其有同姓也,故教以睦。为其有异姓也,故教以姻。为邻里乡党相保相爱也,故教以任。相賙相救也,故教以恤。以为徒教之或不率也。故使官师以时书其德行而劝之。以为徒劝之或不率也。于是乎有不孝不睦不姻不弟不任不恤之刑焉。方是时也,安有如此诗所刺之民乎。"

正是因为婚姻关系的迷乱,宣王时期才出现了杜伯之死的悲剧。

杜伯是杜国的君主,是宣王的外臣。

东汉的韦昭为《国语·周语上》注解"杜伯射王于鄗"时说:"杜国伯爵,陶唐氏之后也。"

陶唐氏指的是尧，最早的杜国原是尧的后裔。《今本竹书纪年》说"周成王八年，冬十月，王师灭唐，迁其民于杜"，也就是说杜国是周初唐国被灭掉后所建立的安置流亡者的新国度，古晋地附近大概就是杜国最初的居民魂牵梦绕的故乡。

杜伯像

杜本是树木的名，也称甘棠，即杜梨枝，是远古部族所擅长栽培的树，可能是该氏族最早的神树。这个氏族崇拜杜梨树，以其为氏族的原始图腾，因此以杜命氏族名，以杜命居地名。

众所周知，周为强化统治，推行"胙之土而命之氏"的封建制度，在唐国旧地建立了"唐"，后改称"晋"，这里有著名的"桐叶封弟"的历史典故。为了分化控制旧唐的势力，周的政治领袖又迁徙原来唐地的部分居民到关中腹心之处建立了"杜国"，使其完全处于宗周的眼皮底下，这里的居民也被称为"唐杜氏"。

这其实与武王伐纣后在殷都旧地设置"三监"的政治手段如出一辙。

斯有《左传·襄公二十四年》晋范宣子的话为证：

"昔匄之祖，自虞以上为陶唐氏，在夏为御龙氏，在商为豕韦氏，在周为唐杜氏，晋主夏盟为范氏。"

杜预注解认为"唐杜"为"二国名"，其实从文意与排比修辞的角度分析，这应该是指的一个国家。

这无疑是一段上古民族源流史，虽然因为年代久远而已不可考证，但作为后裔的追忆应该还是有可信度的。

在传世的西周铜器中有"杜伯鬲""杜伯盨"，都出土于陕西韩城与澄城交界处。杜伯鬲铭文有"杜伯作叔祁尊鬲"，《左传·文公六年》曾记载晋文公有夫人名"杜祁"，可见在西周春秋时期，杜国当是祁姓。

杜国初建，在西周腹地，应该说和西周的关系还是比较融洽的。但西周中叶，杜国与周王室的矛盾激化，最终杜国君主杜伯身死周宣王之手，颜介《冤魂志》引《周春秋》讲述过这个故事的原委：

周杜国之伯名恒，为宣王大夫。宣王之妾曰女鸠，欲通之。杜伯不可,女鸠诉之于王,曰:"恒窃与妾交。"宣王信之,囚杜伯于焦。友左儒争之。王不许,曰:"女别君而异友也。"儒曰:"君道友逆,则顺君以诛友;友道君逆,则师友以违君。"王怒曰:"易而言则生,不易则死。"儒曰:"士不可枉义以从死,不易言以求生。臣能明君之过以正杜伯之无罪。"九谏而王不听,王使薛甫司工锜杀杜伯。左儒死之。

这是个美男招灾的故事。周宣王有个宠妃叫女鸠,因为杜伯英俊而着迷,就想方设法去引诱他,但杜伯为人正派,屡次拒绝女鸠的勾引。结果女鸠因爱生恨,恼羞成怒,在宣王面前诬告杜伯欺侮她。周宣王听信了女鸠的话,就把杜伯处死了。杜伯死的时候,还有左儒这个挚友做伴。

刘向的《说苑·立节》也有与此大同小异的记述:

左儒友于杜伯,皆臣周宣王。宣王将杀杜伯而非其罪也,左儒争之于王,九复之,而王弗许也。王曰:"别君而异友,斯汝也。"左儒对曰:"臣闻之,君道友逆,则顺君以诛友;友道君逆,则率友以违君。"王怒曰:"易而言则生,不易而言则死。"左儒对曰:"臣闻古之士不枉义以从死,不易言以求生,故臣能明君之过,以死杜伯之无罪。"王杀杜伯,左儒死之。

其实这件事当非传奇描绘的男欢女爱那般简单,而是周宣王为加强中央集权与地方诸侯国发生激烈矛盾的突出反映,如宣王在鲁国废长立幼的事例一样值得注意。

先秦史料中关于杜伯的记载很少,我们无法寻觅更多的材料还原杜伯的历史。但基本可以肯定的是,如今西安的长安区、雁塔区正是杜伯国大致所在。郦道元的《水经注》说"沈水又西北径下杜城,即杜伯国也",《史记正义》也有"下杜故城在雍州长安县东南九里,古杜伯国"的记载,都可以坐实。

杜伯之死是宣王四十三年(前785年)前后的故事。此时周室诸侯不亲,宣王腹背受敌,因千亩之战军队损减,西周王朝风雨飘摇。宣王听信谗言,诛杀大臣,更令将帅寒心,社会上弥漫着失望和忧患的情绪。

杜伯之死史书记载不详,但小说《东周列国志》第一节《周宣王闻谣轻杀 杜大夫化厉鸣冤》中有关于杜伯之死原委的另一种说法。

当时西周都城流传着"檿弧箕服，实亡周国"的童谣，又有未婚先孕的妖女遗失民间。面对谶纬，宣王命上大夫杜伯专督其事。因谣词又有"檿弧箕服"之语，宣王再命下大夫左儒督令司市官巡行廛肆，不许造卖山桑木弓、箕草箭袋，违者处死。当时正好有山野妇女不明政令，进城售弓矢，遂被杀。自此宣王以为童谣之言已应，已然释怀，可能还重赏了有功的杜伯。

周宣王四十三年大祭发生的噩梦，却让宣王对杜伯是恨之入骨了。

宣王自诛了卖桑弓箕袋的妇人，以为童谣之言已应，心中坦然，也不复议太原发兵之事。自此连年无话。到四十三年，时当大祭，宣王宿于斋宫。夜漏二鼓，人声寂然。忽见一美貌女子，自西方冉冉而来，直至宫廷。宣王怪他干犯斋禁，大声呵喝；急唤左右擒拿，并无一人答应。那女子全无惧色，走入太庙之中，大笑三声，又大哭三声；不慌不忙，将七庙神主，做一束儿捆著，望东而去。王起身自行追赶，忽然惊醒，乃是一梦，自觉心神恍惚，勉强入庙行礼。九献已毕，回至斋宫更衣，遣左右密召太史伯阳父,告以梦中所见。伯阳父奏曰:"三年前童谣之语,王岂忘之耶?臣固言'主有女祸,妖气未除'。鼷词有哭笑之语,王今复有此梦,正相符合矣。"宣王曰:"前所诛妇人,不足消'檿弧箕服'之谶耶?"伯阳父又奏曰:"天道玄远,候至方验。一村妇何关气数哉!"宣王沉吟不语。忽想起三年前,曾命上大夫杜伯督率司市,查访妖女,全无下落。宣王问杜伯:"妖女消息,如何久不回话?"杜伯奏曰:"臣体访此女,并无影响。以为妖妇正罪,童谣已验,诚恐搜索不休,必然惊动国人,故此中止。"宣王大怒曰:"既然如此,何不明白奏闻?分明是怠弃朕命,行止自繇。如此不忠之臣,要他何用!"喝教武士:"押出朝门,斩首示众!"下大夫左儒,是杜伯的好友,因此舍命劝君:"吾王若杀了杜伯,臣恐国人将妖言传播,外夷闻之,亦起轻慢之心。望乞恕之。"宣王不听,说:"杀杜伯,如去蒿草,何须多费唇舌?"喝教快斩。武士将杜伯推出朝门斩了。左儒回到家中,自刎而死。

杜伯临死立下"君子报仇,三年不晚"的誓言:"吾君杀我而不辜,若以死者为无知则止矣;若死而有知,不出三年，必使吾君知之。"

《墨子·明鬼》《论衡·死伪》均记载有杜伯因为冤死而寻仇的故事，并被视为西周衰亡的标志："周之兴也，鸑鷟鸣于岐山；其衰也，杜伯射王于鄗。"

周宣王杀其臣杜伯而不辜，杜伯曰："吾君杀我而不辜，若以死者为无知则止矣；若死而有知，不出三年，必使吾君知之。"其三年，周宣王合诸侯而田于圃，田车数百乘，从数千人，满野。日中，杜伯乘白马素车，朱衣冠，执朱弓，挟朱矢，追周宣王，射之车上，中心折脊，殪车中，伏弢而死。

这个荒诞不经的神怪故事并非孤证，《史记正义》引《周春秋》云："宣王杀杜伯而无辜。后三年，宣王会诸侯田于圃。日中，杜伯起于道左，衣朱衣冠，操朱弓矢，射宣王，中心折脊而死。"

《竹书纪年》也说"王杀大夫杜伯，其子奔晋"，由此可知，《左传》范宣子的那段谈话正肇端于"其子奔晋"。

第二节　宣王驾崩

宣王四十六年（前782年），民间传闻宣王被杜伯的冤魂用箭射中身亡。其事已不可考，幸有《东周列国志》的描述惟妙惟肖：

再说宣王次日，闻说左儒自刎，亦有悔杀杜伯之意，闷闷还宫。其夜寝不能寐，遂得一恍惚之疾，语言无次，事多遗忘。每每辍朝。姜后知其有疾，不复进谏。至四十六年秋七月，玉体稍豫，意欲出郊游猎，以快心神。左右传命：司空整备法驾，司马戒饬车徒，太史卜个吉日。至期，王乘玉辂，驾六骃；右有尹吉甫，左有召虎；旌旗对对，甲仗森森，一齐往东郊进发。那东郊一带，平原旷野，原是从来游猎之地。宣王久不行幸，到此自觉精神开爽，传命扎住营寨。吩咐军士一不许践踏禾稼，二不许焚毁树木，三不许侵扰民居；获禽多少，尽数献纳，照次给赏。如有私匿，追出重罪。号令一出，人人贾勇，个个争先。进退周旋，御车者出尽驰驱之巧；左右前后，弯弧者夸尽纵送之能。鹰犬借势而猖狂，狐兔畏威而乱窜。弓响处血肉狼藉，箭到处毛羽纷飞。这一场打围，好不热闹！宣王心中大喜。日已矬西，传令散围。众军士各将所获走兽飞禽之类，束缚齐备，奏凯而回。行不上三四里，宣王在玉辇之上，打个眼瞇，忽见远远一辆小车，当面冲突而来。车上站著两个人，臂挂朱弓，手持赤矢，向著宣王声喏曰："吾王别来无恙？"宣王定睛看时，乃上大夫杜伯，下大夫左儒。宣王吃这一惊不小。抹眼之间，人车俱不见。问左右人等，都说并不曾见。宣王正在惊疑，那杜伯左儒又驾著小车了，往来不离玉辇之前。宣王大怒，喝道："罪鬼，敢来犯驾！"拔出太阿宝剑，望空挥之。只见杜伯、左儒齐声骂曰："无道昏君！你不修德政，妄戮无辜，今日大数已尽，吾等专来报冤。还我命来！"话未绝声，挽起朱弓，搭上赤矢，望宣王心窝内射来。宣王大叫一声，昏倒于玉辇之上。慌得尹公脚麻，召公眼跳，同一班左右，将姜汤救醒，兀自叫心痛不已。当下飞驾入城，扶著宣王进宫。各军士未及领赏，草草而散。

这次射猎不久，一代雄才英主周宣王就因病而去了。

关于杜伯冤魂射杀宣王之事，崔述辨析说："盖人之将死，则鬼神乘其衰气而见形焉。久之，而好事者递相附会，遂以为宣王之死于杜伯之射也。"

虽然杜伯射杀宣王的事可能不是真的，但由此故事可见宣王临终的幻觉。大概宣王晚年精神恍惚，因为国势日衰，神经极度衰弱。

杜伯其人的真实性不容怀疑，在《国语》、《左传》和《墨子》等典籍中都有提及，但我们好奇的是杜伯故事的真实含义究竟如何？

从史料来分析，杜伯的死因有二：一是因英俊肇祸，被女人陷害；一是参与了对西周末年谶纬问题的处理，导致宣王不满而被杀害。这两个原因都充满了戏剧性，也可能是互相交融的。

笔者以为，杜伯之死有着神学的启示，这是被人所遗忘和忽视的，其实也是更有意思的。

据司马迁《史记》记载，周宣王三十年（前798年），镐京城内有兔子跳跃舞蹈，有马变成人；周宣王三十三年（前795年），更有马变为狐狸。这两件事匪夷所思，其实更有龙失去控制的神秘隐喻。

《左传·昭公二十九年》说：

昔有飂叔安，有裔子曰董父，实甚好龙，能求其耆欲以饮食之，龙多归之。乃扰畜龙，以服事帝舜。帝赐之姓曰董，氏曰豢龙。封诸鬷川，鬷夷氏其后也。故帝舜氏世有畜龙。及有夏孔甲，扰于有帝，帝赐之乘龙，河、汉各二，各有雌雄，孔甲不能食，而未获豢龙氏。有陶唐氏既衰，其后有刘累，学扰龙于豢龙氏，以事孔甲，能饮食之。夏后嘉之，赐氏曰御龙，以更豕韦之后。龙一雌死，潜醢以食夏后。夏后飨之，既而使求之。惧而迁于鲁县，范氏其后也。

《史记·夏本纪》更记载：

帝孔甲立，好方鬼神，事淫乱。夏后氏德衰，诸侯畔之。天降龙二，有雌雄，孔甲不能食，未得豢龙氏。陶唐既衰，其后有刘累，学扰龙于豢龙氏，以事孔甲。孔甲赐之姓曰御龙氏，受豕韦之后。龙一雌死，以食夏后。夏后使求，惧而迁去。

传说夏朝孔甲登临帝位，他喜好祭祀鬼神，从事淫乱的活动。夏后氏的威德开始衰落,诸侯都背叛它。天上降下两条龙,一雌一雄,孔甲不能饲养它们,也没有找到具有养龙技术的人。陶唐氏已经衰落了,其后代有个叫刘累的,从豢龙氏部落学到了养龙的技术,去侍奉孔甲。孔甲赐其姓"御龙氏",并让他接受豕韦氏的封地。一条龙突然死了,刘累暗中把它做成了肉酱并献给孔甲。孔甲吃了以后又派人向刘累索要肉酱,刘累因为惧怕就迁徙到别的地方了。

其实杜伯的杜氏,"在夏为御龙氏,在商为豕韦氏,在周为唐杜氏",可见就是驯龙逃去的刘累之后。这件事很特别。笔者以为,西周的建国是因为凤鸣岐山,西周是凤鸟崇拜的国度。宣王杀害杜伯有神学的隐喻,是因为杜伯依然控制着驯龙的最高机密,杜伯一死,龙就不受

天亡簋

束缚，从此在中国大地上肆意翻腾。龙颠覆凤凰的神学步骤，杜伯之死是其中至关重要的环节，因为控制龙的人已经被宣王杀死了。这个潘多拉魔盒从此开启了。

第十一章 千年蛇妖

第一节　千年蛇妖

中国对妖的最早解读就是和蛇相关的。

《左传》曰:"妖由人兴也。人无衅焉,妖不自作。人弃常则妖兴,故有妖。"蛇妖中有两个大明星,都是修炼千年以上的:一个是贤良淑德的白素贞,一个是不能笑的褒姒。

褒姒是千年蛇妖,大概很多人都比较茫然。这美眉不是烽火戏诸侯的那个受宠爱玩的王妃么?

《诗经·小雅·正月》中说:"赫赫宗周,褒姒灭之。"《史记·周本纪》记载的"烽火戏诸侯"把《诗经》这一诗词立体化了:

褒姒不好笑,幽王欲其笑万方,故不笑。幽王为烽燧大鼓，有寇至则举烽火。诸侯悉至，至而无寇，褒姒乃大笑。幽王说之，为数举烽火。其后不信，诸侯益亦不至。

褒姒不喜欢笑，周幽王想让美人笑，于是点燃预警的城楼烽火，勤王大军匆匆赶来，结果发现是"狼来了"的把戏，这样把褒姒逗得哈哈大笑。反复几次，结果"狼"真的来了，犬戎攻入京城，再也没有勤王大军救驾，幽王被杀，褒姒不知去向。

烽火戏诸侯只是表面现象，要害是"褒姒灭国"在司马迁笔下还有更深一层的曲折，那就是褒姒乃千年蛇妖。

《国语·郑语》记载，宣王之时有童谣曰："檿弧箕服，实亡周国。"于是宣王闻之，有夫妇鬻是器者，王使执而戮之。府之小妾生女而非王子也，惧而弃之。此人也，收以奔褒。

"檿弧箕服"是指以桑木做成的弓箭和箕草编制成的箭袋。周宣王听到这句话自然是郁郁不乐，于是就把社会上做这种弓箭与箭袋的人全部捕杀。当时有一对贩卖这种弓箭的老年夫妇在逃亡途中看到道中有女婴哭泣，心生怜悯，于是抱着女婴跑到了褒国，含辛茹苦把她抚养成人。

这个女孩子长大之后天生丽质，褒国被周幽王击败后进献贡品，这个女子被作为战利品送到了周幽王的王廷之中，从此受到了幽王的极端宠爱。

《郑语》接着讲述了一个神怪故事：

《训语》有之曰："夏之衰也，褒人之神化为二龙，以同于王廷，而言曰：'余，褒之二君也。'夏后卜杀之与去之与止之，莫吉。卜请其漦而藏之，吉。乃布币焉而策告之，龙亡而漦在，椟而藏之，传郊之。"及殷、周，莫之发也。及厉王之末，发而观之，漦流于庭，不可除也。王使妇人不帏而噪之，化为玄鼋，以入于王府。府之童妾未既龀而遭之，既笄而孕，当宣王时而生。不夫而育，故惧而弃之。为弧服者方戮在路，夫妇哀其夜号也，而取之以逸，逃于褒。褒人褒姁有狱，而以为入于王，王遂置之，而嬖是女也，使至于为后而生伯服。

这是说夏朝末年，有两条神龙飞到夏王的庭院里对夏王说："我们是褒国的祖先。"夏王不知道如何处理这件事，于是把龙的唾液收藏起来，之后龙就死了。这个收藏龙的唾液的匣子从商代传到周朝，一直传到周厉王时期。

295

厉王好奇，就打开匣子观瞧，不想匣中的唾液四处流溢。厉王就让宫女们脱掉衣服喊叫避邪。这些唾液却忽然变成了一只黑色蜥蜴，爬到了后宫里面一个七岁女童身上就不见了。过了几年，也就是在周宣王时期，女童奇怪地怀孕了，并产下一个女婴。因未婚先孕，很是害怕，她就把婴儿扔弃在宫外。巧合的是，一对卖檿弧箕服的老夫妇收养了这个被遗弃的婴儿，带着她一起逃到了褒国。这个孩子就是褒姒。

这样曲径通幽、九曲回环，司马迁这个伟大的史学家想告诉我们什么呢？原来这个一笑倾国的褒姒是"龙之怪胎"。而这个怪胎，在夏王朝就已经开始孕育了。

其实，我们在《圣经》中可以寻找到司马迁这段记述的根由，《圣经·启示录》中一针见血地说：

"大龙就是那古蛇，名叫魔鬼，又叫撒旦，是迷惑普天下的。"

龙在英文中叫"dragon"，本身就具有"邪恶的生物"之意思。

《启示录·千禧年》说："我又看见一位天使从天降

下,手里拿着无底坑的钥匙和一条大链子。他捉住那龙,就是那古蛇,又叫魔鬼,也叫撒旦,把它捆绑一千年,扔在无底坑里,将无底坑关闭,用印封上,使它不得再迷惑列国。等那一千年完了,以后必须暂时释放它。"

褒姒的出现,不正是封印解除、蛇妖重生么?

《启示录·撒旦最后的失败》说:"一千年完了,撒旦必从监牢里被释放,出来要迷惑地上四方的列国,就是歌革和玛各,叫他们聚集争战。他们的人数多如海沙。他们上来遍满了全地,围住圣徒的营与蒙爱的城。"

西周的覆亡,不正是歌革和玛各——春秋战国时列国"聚集争战",嗤笑道义,忘记上帝爱之真言,汲汲于诡诈权谋的结果么?

褒姒这千年蛇妖,扮演的正是《圣经》中蛊惑列国的古蛇形象,从而颠覆西周的凤凰道统,而开始龙的道统。

流传已久的烽火戏诸侯,学界多认为是没有根据的想象。其实西周在五行相生相克学说中属火,褒姒最终用烽火把这个王朝点燃了。章回体小说《东周列国志》的记载,更添加了神秘性:

宣王在太原料民回来，离镐京不远，催趱车辇，连夜进城。忽见市上小儿数十为群，拍手作歌，其声如一。宣王乃停辇而听之。歌曰：月将升，日将没；檿弧箕服，几亡周国。宣王甚恶其语，使御者传令，尽拘众小儿来问。群儿当时惊散，止拿得长幼二人，跪于辇下。宣王问曰："此语何人所造？"幼儿战惧不言；那年长的答曰："非出吾等所造。三日前，有红衣小儿，到于市中，教吾等念此四句。不知何故，一时传遍，满京城小儿不约而同，不止一处为然也。"宣王问曰："如今红衣小儿何在？"答曰："自教歌之后，不知去向。"宣王嘿然良久，叱去两儿。即召司市官吩咐传谕禁止："若有小儿再歌此词者，连父兄同罪。"当夜回宫无话。

次日早朝，三公六卿，齐集殿下，拜舞起居毕。宣王将夜来所闻小儿之歌，述于众臣："此语如何解说？"大宗伯召虎对曰："檿是山桑木名，可以为弓，故曰檿弧。箕，草名，可结之以为箭袋，故曰箕服。据臣愚见，国家恐有弓矢之变。"太宰仲山父奏曰："弓矢，乃国家用武之器。王今料民太原，思欲报犬戎之仇，若兵连不解，必有亡国之患矣！"宣王口虽不言，点头道是。又问："此语传自红衣小儿。那红衣小儿，还是何人？"太史伯阳父奏曰："凡街市无根之语，谓之谣言。上天儆戒人君，命荧惑星化为小儿，造作谣言，使群儿习之，谓之童谣。小则寓一人之吉凶，大则系国家之兴败。荧惑火星，是以色红。今日亡国之谣，乃天所以儆王也。"宣王曰："朕今赦姜戎之罪，罢太原之兵，将武库内所藏弧矢，尽行焚弃，再令国中不许造卖。其祸可息乎？"伯阳父答曰："臣观天象，其兆已成，似在王宫之内，非关外间弓矢之事，必主后世有女主乱国之祸。况谣言曰'月将升，日将没'，日者人君之象，月乃阴类，日没月升，阴进阳衰，其为女主干政明矣。"宣王又曰："朕赖姜后主六宫之政，甚有贤德，其进御宫嫔，皆出选择，女祸从何而来耶？"伯阳父答曰："谣言'将升''将没'，原非目前之事。况'将'之为言，且然而未必之词。王今修德以禳之，自然化凶为吉。弧矢不须焚弃。"宣王闻奏，且信且疑，不乐而罢。起驾回宫。

　　姜后迎入。坐定。宣王遂将群臣之语，备细述于姜后。姜后曰："宫中有一异事，正欲启奏。"王问："有何异事?"姜后奏曰:"今有先王手内老宫人,年五十余,自先朝怀孕,到今四十余年,昨夜方生一女。"宣王大惊,问曰:"此女何在?"姜后曰:"妾思此乃不祥之物,已令人将草席包裹,抛弃于二十里外清水河中矣。"宣王即宣老宫人到宫,问其得孕之故。老宫人跪而答曰:"婢子闻夏桀王末年,褒城有神人化为二龙,降于王廷,口流涎沫,忽作人言,谓桀王曰:'吾乃褒城之二君也。'桀王恐惧,欲杀二龙,命太史占之,不吉。欲逐去之,再占,又不吉。太史奏道:'神人下降,必主祯祥,王何不请其漦而藏之?漦乃龙之精气,藏之必主获福。'桀王命太史再占,得大吉之兆。乃布币设祭于龙前,取金盘收其涎沫,置于朱椟之中。忽然风雨大作,二龙飞去。桀王命收藏于内库。自殷世历六百四十四年,传二十八主;至于我周,又将三百年,未尝开观。到先王末年,椟内放出毫光,有掌库官奏知先王。先王问:'椟中何物?'掌库官取簿籍献上,具载藏漦之因。先王命发而观之。侍臣打开金椟,手捧金盘呈上。先王将手接盘,一时失手堕地,所藏涎沫,横流庭下。忽化成小小元鼋一个,盘旋于庭中,内侍逐之,直入王宫,忽然不见。那时婢子年才一十二岁，偶践鼋迹，心中如有所感，从此肚腹渐大，如怀孕一般。先王怪婢子不夫而孕，囚于幽室，到今四十年矣。夜来腹中作痛，忽生一女。守宫侍者，不敢隐瞒，只得奏知娘娘。娘娘道此怪物，不可容留，随命侍者领去，弃之沟渎。婢子罪该万死！"宣王曰："此乃先朝之事，与你无干。"遂将老宫人喝退。随唤守宫侍者，往清水河看视女婴下落。不一时，侍者回报："已被流水漂去矣。"宣王不疑。

次日早朝，召太史伯阳父告以龙漦之事，因曰："此女婴已死于沟渎，卿试占之，以观妖气消灭何如？"伯阳父布卦已毕，献上繇词。词曰："哭又笑，笑又哭。羊被鬼吞，马逢犬逐。慎之慎之。檿弧箕服！"宣王不解其说。伯阳父奏曰："以十二支所属推之：羊为未，马为午。哭笑者，悲喜之象。其应当在午未之年。据臣推详，妖气虽然出宫，未曾除也。"宣王闻奏，怏怏不悦。遂出令：城内城外，挨户查问女婴。不拘死活，有人捞取来献者，赏布帛各三百匹；有收养不报者，邻里举首，首人给赏如数，本犯全家斩首。命上大夫杜伯专督其事。因繇词又有"檿弧箕服"之语，再命下大夫左儒，督令司市官巡行廛肆，不许造卖山桑木弓，箕草箭袋，违者处死。司市官不敢怠慢，引著一班胥役，一面晓谕，一面巡绰。那时城中百姓，无不遵依，止有乡民，尚未通晓。巡至次日，有一妇人，抱著几个箭袋，正是箕草织成的，一男子背著山桑木弓十来把，跟随于后。他夫妻两口，住在远乡，赶著日中做市，上城买卖。尚未进城门，被司市官劈面撞见，喝声"拿下！"手下胥役，先将妇人擒住。那男子见不是头，抛下桑弓在地，飞步走脱。司市官将妇人锁押，连桑弓箕袋，一齐解到大夫左儒处。左儒想：所获二物，正应在谣言；况太史言女人为祸，今已拿到妇人，也可回复王旨。遂隐下男子不题，单奏妇人违禁造卖，法宜处死。宣王命将此女斩讫；其桑弓箕袋，焚弃于市，以为造卖者之戒。不在话下。后人有诗云：

不将美政消天变，却泥谣言害妇人！

漫道中兴多补阙，此番直谏是何臣？

话分两头。再说那卖桑木弓的男子，急忙逃走，正不知官司拿我夫妇，是甚缘故？还要打听妻子消息。是夜宿于十里之外。次早有人传说，昨日北门有个妇人，违禁造卖桑弓箕袋，拿到即时决了，方知妻子已死。走到旷野无人之处，落了几点痛泪。且喜自己脱祸，放步而行。约十里许，来到清水河边，远远望见百鸟飞鸣。近前观看，乃是一个草席包儿，浮于水面，众鸟以喙衔之，且衔且叫，将次拖近岸来。那男子叫声："奇怪！"赶开众鸟，带水取起席包，到草坡中解看。但闻一声啼哭，原来是一个女婴。想道："此女不知何人抛弃，有众鸟衔出水来，定是大贵之人；我今取回养育，倘得成人，亦有所望。"遂解下布衫，将此女婴包裹，抱于怀中。思想避难之处，乃望褒城投奔相识而去。髯翁有诗，单道此女得生之异：

怀孕迟迟四十年，水中三日尚安然。

生成妖物殃家国，王法如何胜得天！

这段引文把褒姒是千年蛇妖的来龙去脉交代得一清二楚，让我们认识到从凤凰的国度到龙之国度的转变关键，就是杜伯一死、褒姒得生。

抛开千年蛇妖的作祟，从人文理性来分析，在宣王死后，厉王即位，西周的国运也是无可奈何花落去了。

303

第二节　幽王失国

《太平御览》引《琐语》记载，周宣王的王后怀胎未足月就生下了周幽王，周宣王向大臣们询问是何征兆。大臣们回答说如果生下的男婴身体有残缺、骨骼有缺失，则国家无碍；如果男婴身体完好无损，则国家就会灭亡。周宣王认为这个男婴是不祥之兆，准备将其遗弃。仲山父劝周宣王说："您年龄大了，也没有男嗣，这本身就是上天遗弃了周朝，您如果再把男婴遗弃了，那和国家灭亡有什么区别？"周宣王于是打消了这个念头。果然周宣王死后十一年，西周在周幽王统治下灭亡。

《诗经·小雅·都人士》据说是尹吉甫晚年的作品，其诗歌说：

彼都人士，狐裘黄黄。其容不改，出言有章。行归于周，万民所望。

彼都人士，台笠缁撮。彼君子女，绸直如发。我不见兮，我心不说。

彼都人士，充耳琇实。彼君子女，谓之尹吉。我不见兮，我心苑结。

彼都人士，垂带而厉。彼君子女，卷发如虿。我不见兮，言从之迈。

匪伊垂之，带则有余。匪伊卷之，发则有旟。我不见兮，云何盱矣。

这首诗歌大概是尹吉甫经过宣王中兴，到厉王即位初年思昔日繁盛，悼古伤今之作，通过对中兴时期京城贵族衣着、容止和言语的描写，表达对旧日京都人物仪容的怀念。朱熹《诗集传》云：乱离之后，人不复见昔日都邑之盛、人物仪容之美，而作此诗以叹惜之也。

"民乏财用，不亡何时？"宣王连年用兵耗费很大，他不敢对百工商贾加重剥削，只能把军政费用转移到农夫身上。宣王晚年，周室除战胜一次申戎外，伐太原戎、条戎和奔戎都遭到失败，特别是伐姜戎的千亩之战大败，南国之师尽丧。周室本有西六师和成周八师，南国之师覆没后，周朝的统治面临着全面崩溃的危险。宣王后期迫害功臣，笃信谗言，失德实多。杀害杜伯之后，宣王内心的毒龙更是难制,此时这位周天子的腐朽之气与此前的英健有为已然判若两人。

  而周幽王就是在社会矛盾尖锐的危急形势下继位的。当时王朝政权不稳,臣吏离心离德,贵族怨恨,诸侯国对王室丧失信心,不服从中央政令,军队战斗力严重削弱,无力防御四夷的入侵和镇压诸侯的叛乱,加之天灾人祸,使得生产遭到破坏,黎民困苦。而周幽王与宣王有着天壤之别!他不再正视现实,也缺乏宣王盛年时期的果决英武,而是昏庸暴虐,更加重了对民众的剥削和压迫,使西周社会的各种矛盾更加激化。

  宣王初期的贤臣勇将多数已年迈去世,阿谀奉承的小人在厉王时期大受重用,贪污腐化成风,如《诗经·小雅·节南山》记载了周大夫家父刺太师尹氏旷废职务,任用小人,贻祸人民。这个尹氏就是宣王时贤臣尹吉甫的后代,可惜是个庸碌小人。"尹氏大师,维周之氐,秉国之钧,四方是维。"作为国家柱石的太师却"国既卒斩,何用不监","弗躬弗亲,庶民弗信。弗问弗仕"。这是讥讽尹太师对将亡的政权不察不问,用人唯亲。

《史记·周本纪》记载:

四十六年,宣王崩,子幽王宫湦立。幽王二年,西周三川皆震。伯阳甫曰:"周将亡矣。夫天地之气,不失其序;若过其序,民乱之也。阳伏而不能出,阴迫而不能蒸,于是有地震。今三川实震,是阳失其所而填阴也。阳失而在阴,原必塞;原塞,国必亡。夫水土演而民用也。土无所演,民乏财用,不亡何待!昔伊、洛竭而夏亡,河竭而商亡。今周德若二代之季矣,其川原又塞,塞必竭。夫国必依山川,山崩川竭,亡国之徵也。川竭必山崩。若国亡不过十年,数之纪也。天之所弃,不过其纪。"是岁也,三川竭,岐山崩。

宣王时期天灾不断,是西周灭亡的外因。当时关中地区发生了罕见的大地震,而且伴随着日食及一系列其他灾害。在周人看来,日食、月食、地震等是不祥之兆,大地震使三川山塌地陷,河水断流,带来巨大破坏,空前的大饥荒使得民众大批地死亡。

天灾之外,政治黑暗,百姓绝望,更是西周灭亡的主因。厉王时任用好利的荣夷公,导致国人暴动;周幽王又重蹈覆辙，以虢石父为卿。石父为人佞巧，善谀好利，惹得天怒人怨。周幽王与褒姒坐在即将爆炸的火药桶上依旧花天酒地，歌舞不休。

《史记·周本纪》说：

幽王嬖爱褒姒。褒姒生子伯服，幽王欲废太子。太子母申侯女，而为后。后幽王得褒姒，爱之，欲废申后，并去太子宜臼，以褒姒为后，以伯服为太子。……又废申后，去太子也。申侯怒，与缯、西夷犬戎攻幽王。幽王举烽火徵兵，兵莫至。遂杀幽王骊山下，虏褒姒，尽取周赂而去。

《后汉书·西羌传》记载说，宣王征申戎后十年，幽王曾经任命伯士伐六济之戎，结果出师不利，伯士兵败被杀。当时犬戎的势力已经深入到泾

何尊

水、渭水流域，直接威胁到西周首都镐京的安全。幽王在王储选择上废立不当，得罪了太子娘舅家申国，申侯引狼入室，勾结犬戎入京。因为幽王民心丧尽，诸侯勤王大军作壁上观，以致幽王被杀，西周覆灭。

第十二章 余论

宣王中兴，《东周列国志》开篇曾这样描述：

那一朝天子，却又英明有道，任用贤臣方叔、召虎、尹吉甫、申伯、仲山父等，复修文、武、成、康之政，周室赫然中兴。有诗为证：

夷厉相仍政不纲，任贤图治赖宣王。

共和若没中兴主，周历安能八百长！

更有史臣有诗赞宣王中兴之美云：

于赫宣王，令穗茂世。威震穷荒，变消鼎雉。

外仲内姜，克襄隆治。干父之蛊，中兴立帜。

对于宣王的文治武功，不仅小说家屡屡称道，就是儒生也不吝赞美。如《韩诗外传》称："宣王拨乱世反之正，天下略振，宗庙复兴。""喻德教，举遗士，海内翕然向风。故百姓勃然咏宣王之德。"《诗经·大雅·召旻》的作者在感伤幽王的纲纪废坏时还追忆说:"昔先王受命,有如召公,日辟国百里,今也日蹙国百里。"

所谓先王,就是周宣王。"昔者先王受命中兴,复文武之境土,辅佐之者有如召公之臣,是以日辟国百里。"幽王时的诗人犹怀念宣王时这段振奋人心的日子,希望旧臣宿将能够出来重整旗鼓。可见不管是在西周时期还是后世,宣王中兴都是被津津乐道的。

宣王在位的四十六年(前827—前782年),大致可以三十二年(前796年)为界,分作前后两期:前期由于宣王是在动乱的年代中即位,因此汲取了国人暴动的教训,采取得力的措施,使西周国势在经过夷王开始的衰败低谷后蒸蒸日上,出现了几十年四海升平的和谐局面;后期则由于宣王决策失误,尤其是军事征服的失败,使前期中兴的形势丧失殆尽,国家再一次陷入困境。宣王中兴使得西周的礼乐政治更加成熟,更有效延缓了西周政权的衰亡,但这场中兴最终人亡而政息,成为骊山之上的一襟晚照。

宣王中兴的影响体现在以下几个方面:

一、对西周社会历史的影响

宣王时期的西周社会，是在夷厉之世"王道衰微"的基础上存在和行进的。宣王和万民、睦诸侯、任贤能、伐戎夷，在初期初步稳定了社会秩序，实现了宣王中兴，但是对外战争的消耗和国内矛盾冲突的逐渐积累使西周国力锐减。宣王是以中兴之局开场而以社会衰败谢幕，人生可谓充满了传奇色彩与戏剧性。

就整个西周社会政策变化而言，宣王时期的革故鼎新对西周整个时局有巨大的影响。其一，宣王废除籍礼，在很大程度上触及了当时社会经济基础的核心——以"井田制"为代表的土地制度。宣王不籍千亩，废除了强迫民众为王室耕作公田的劳役地租制，转而实行实物地租制，将私田纳入国家控制的范畴，影响深远。其二，"料民以太原"，将周天子对人口、土地的管理范围从王畿拓展到以前并不直接统辖的村社，赋予非周族庶民服兵役之权利，有力清除了国内周族与非周族的民族界限，强化了王权，从而改变了分封制下授民授疆土的核心内容。可以说周宣王的变革在很大程度上改变了西周原有的社会制度和政策,成为社会进步的推动力量。其三,宣王对外政治军事经营开始在原有基础上稳步推进。西周早期,其政治军事经略之重点在东南,昭穆之世重点在南土,至于宣王,则重点经略西北。宣王后期不仅有西北之患,南方荆楚及东南淮夷、徐方等皆有不臣之举,呈现出四夷交侵的局面。在四方民族反抗之下,宣王进行了一系列军事斗争,力撑危局,一度让四夷宾服、八方来朝,但伴随着西周国力衰退,军事斗争危机频现,最终在千亩之战中尽丧南国之师,使得周初便已成形的国内政治格局解体。结合整个西周王朝对外军事政治经营行动可以肯定,宣王之世对外政治军事经营开始收缩,并由以前的积极出击逐步转向收缩防御——封秦仲"以戎制戎",封申国于谢,震慑淮夷、荆楚,都是实证。

至于幽王之世,大规模的对外政治军事扩张活动较少且多不成功。这客观上证明了宣王后期对外的收缩防御政策依然占据主导地位。

二、对春秋战国社会变革的影响

宣王时期在很大程度上开始了西周立国以来的社会政策和社会制度的大转变，这种转变对整个中国社会的发展历程产生了深远的影响。

西周以后的春秋战国是一个诸侯纵横捭阖、弱肉强食的纷争年代，也是一个民族冲突频繁、民族融合发展的时期，从而成为我国传统社会的一个思想解放的转型期。这是同西周中后期的社会变化相承继的，而宣王时期的社会变化正是西周中后期社会变化链条中最重要、最显著的一环。

宣王力挽危局，在推行原有分封制度的同时，却不能阻止诸侯势力在其后期继续膨胀。诸侯国君镇抚一方，各自为守。宣王封秦仲为西戎大夫，对其处理西戎之事赋予很大的权力。而这个西戎大夫，其后世伐西戎，尽有宗周之地，至穆公时更称霸西戎，成为春秋战国时期一大强国，并在数百年之后最终统一华夏，建立空前的专制集权的秦帝国。宣王封其元舅申伯于申。申都于南阳，"南阳者，东都之咽喉，天下之形胜；四面以制诸侯者也。申侯封于宛之东南，荥阳之东北，俱非周有，东都之险失矣，镐京之形孤矣。犬戎入周，东南诸侯无来救者，以申据形势，塞其路也。犬戎不得申侯之援，则不敢深入，申侯不塞南阳之路，则不得招戎也"。而后楚灭"江汉诸姬"，废申灭吕，逐鹿中原，以至庄王洛邑问鼎，更成为中原纷争的重要势力。被宣王寄予厚望的申国终未尽守抚南国、捍卫周室之职责。因此可以说周宣王立诸侯成为改变周朝政治格局的前奏。

　　西周王朝的政治军事扩张和经营活动在民族冲突加剧的过程中，很大程度上也是各民族之间文化交流和混融的过程。特别是宣王时期的防御守成之策，为华夏民族的形成初步奠定了共同的地域组织关系，为华夏族在形成和发展的道路上迈出了坚实的一步。

　　以淮夷为例，至春秋之世，淮夷诸族在与华夏族的交流中相互融合。徐君为吴所灭时"断其发，携其夫人，以逆吴子"。"断发"说明其可能已经蓄发，不同于吴越之俗，而是被华夏文化所同化。这种华夏文化的影响经过了长久的时间。而宣王以后淮夷与周王朝的冲突从规模上、程度上都有很大程度的降低，无疑是因宣王开启了这种妥协和平局面的基础。宣王时期由对外收缩防御转而对内加强控制，巩固了黄河流域的统一，天下一统的观念在此时雏形已现。

毫不夸张地说，周宣王可称为古代变法改制的先行者。他敢于打破原有制度，调整原有的社会生产关系。宣王打破原有以井田为基础的土地制度而代行以农耕之地征收实物税，可惜这项规定并未加以制度化，从而使得在"破"与"立"之间形成一个权利、制度的真空，这就为春秋战国诸侯纷争打破原有土地制度，推行"初税亩""相地而衰征"等一系列暴风骤雨的改革奠定了基础。宣王的改革使得民众与西周封建贵族间强大的依附关系开始解体，并逐渐转化为小农经济，从而拉开了春秋战国之世改革的序幕。

宣王面对复杂的社会矛盾与冲突，敢于革新，勇于进取，从而实现了王朝的中兴，缓和了自西周中期以来的各种社会矛盾，受到了广泛称赞。宣王的中兴之政改变了西周原有的诸多社会政策、社会制度，动摇了西周的统治基础，破坏了周初建立的政治格局，因此对春秋战国时期中国社会的转型、整合乃至以后的中国社会产生了比较深远的影响。对于西周政权而言，宣王的确有中兴之名；对历史发展的影响而言，宣王本人可称为中国变法改制的先行者。

后记

年少轻狂的大学时代，曾经想创作关于周武革命的惊世小说，这一计划在"卧谈会"上告知舍友后，不想舍友第二天竟然买了一本杨宽先生的《西周史》相赠。扉页上还有舍友龙飞凤舞的两行字："英奇奋于纵横之世，贤智显于王霸之初"，不由心生莫名的感动。可惜我们的雄心壮志总被雨打风吹去，惊世小说自然是未着一字，舍友的兄弟情义也随着时光渐渐疏远了。不承想，当年对《西周史》的信手乱翻，却奠定了自己攻读先秦史的基础。

我出生乃至后来工作生活的镇子唤作郭杜，司马迁先生称之为"毕原"，这里号称是周文王、武王、周公墓葬的风水宝地。可惜西周先王的墓冢寻找起来却很不容易，如今也没有什么大的进展。倒是距离自己家乡不远的一处大冢，当地老百姓称它为周穆王陵，让人对西周王朝多了几分亲切之感。

前些年有位好友是山西平遥人，由此去过几次平遥，但都是在古城转转，其后知道他那里有所谓的中兴名臣尹吉甫的墓地。"吉甫作诵，穆如清风"，虽不能至，心向往之，于是督促朋友踏勘墓地，拍照寄来。这算是我与周宣中兴的最初缘分吧。这几年忽然对龙文化、本土方志产生了浓厚兴趣，一番钻研后，终于发现周宣王是一个很有意思的君王，他试图阻止邪龙复活，却功亏一篑，郭杜人的老祖先杜伯更是宣王生命的终结者。杜伯与宣王的恩怨情仇有香艳、有复仇、有神话，生动婉转，一时间让我对这位中兴的周天子刮目相看了。

其实宣王在西周历史中不是一个会被重点讲述的人物，他的中兴大业往往被一笔带过。西安虽然是周秦汉唐的都城所在地，但因周的材料匮乏，实质上是没有多少人关注这位周王的生平功业的。这不能不说是一种遗憾。在当前的社会语境下，寻找历史依据，观照当下现实，理解宣王中兴，便显得十分迫切和必要了。

因缘巧合，西安曲江出版传媒股份有限公司的范婷婷与我熟稔已久，他们刚好计划制作一套关于历史中兴的文化丛书，因了解我的学科背景，遂把《宣王中兴》的写作托付给我。虽然我知道自己对宣王的认识还比较肤浅，但还是慨然应允了。另外，我作协的好友张军峰和张立老师分别撰写《昭宣中兴》和《元和中兴》，由此而成三本系列之作，也算是一件快事！

写作的过程其实不算艰辛，毕竟是自己本行，写起来也有点趣味。但因为毕竟不是学术之作，还让自己重做了一回先秦史的研究生。如何把佶屈聱牙、生涩难懂却又为数不多的史料改编为通俗流畅的表达，是要费些劲头的。从谋篇布局到步步推进，都是在紧张而炎热的夏日，伴着中午的炽热阳光，蛰居方丈斗室，开始了文稿的创作。我虽然不认识周宣王、尹吉甫等人，但有着白纸上好作画的古怪激情。其中引用了不少《诗经》的诗句，一是因为资料匮乏，二是想更好地展示西周盛世的诸般风貌。孔夫子说过:"诗三百,一言以蔽之,曰思无邪。"

　　以前曾经写过一篇《寻找大周》的散文,描述自己在沣水河畔追思周代的风采绰约。周宣王中兴,由一个杜伯的后人来描绘,也算是一种奇妙的缘分。这本书,是我们寻找周宣王少年天子锐意革新的精神之旅吧。

　　如今书稿付梓在即,按照惯例说上几句,感谢范婷婷的信任和编辑原煜媛、崔楠的认真,因为有了她们的催促,我才得以完成这一特别的作品。

　　用宣王时期的诗歌《诗经·小雅·采薇》的诗句描述我此刻的心情吧:

　　昔我往矣,杨柳依依。今我来思,雨雪霏霏。

王向辉

2016 年 11 月 12 日